田代式 中学受験 国語の「神技」

田代敬貴

講談社

田代式 中学受験 国語の「神技」 目次

第二部　「書く」ための〈技《スキル》〉　117

装丁　モリサキデザイン

田代式中学受験国語の「神技」

はじめに

私は、足かけ三十年近くにわたって、中学受験に挑む小学生たちに国語を教え続けてきた。大手塾でのマスプロ指導に限界を感じ、十年前から、少人数制の寺子屋式授業を続けている。二〇〇九年度入試では、教え子わずか十六人（二クラス）のうち、筑波大附属駒場中に五名、開成中に七名、駒場東邦中に三名、桜蔭中に一名など、ほぼパーフェクトな合格実績を出している。

この本で私は、大手塾や学校では教えられることのない、中学入試国語の問題を確実に解くための〈技《スキル》〉を明かすことにした。お子さんの国語指導に頭を抱えておられる親御さんのために、これまで門外不出にしてきた〈技《スキル》〉をあえて明かすのには理由がある。

中学受験指導のうえで、最大の鬼門となるのが国語である。

同じ重要科目である算数の場合、線分図や面積図を駆使した、ある程度の解法パターンが存在し、バリエーションはあるものの、明快な指導法が確立されている。

しかし、国語はどうか。説明文であれ物語文であれ、課題文になるのは日本語で書かれた文章だから、乱暴な言い方をすれば、「素人」の塾教師や親でも、文章そのものの解説はできてしまう。問題集の巻末に掲載されている「解答」を盗み見ながら、子供に解説するのは容易なことだ。しかし、彼らには、その場しのぎの「解説」はできても、その他の文章を目にしたときに普遍的に使える「解き方」を教えることはできない。被害者は、成績がいつまでも上がらない生徒である。

その場しのぎという べき指導の実例を挙げよう。

問題文にやたら線を引っ張る生徒がときどきいる。概して、彼らの国語の成績は良くない。また、国語のできる生徒が、急に成績が下がったといって相談にくるが、問題用紙が線だらけ——こんな経験は、一度や二度ではない。

彼らの行動のほとんどは、塾の教師か親の言葉がきっかけである。

生徒が引いた線は、読後に重要だと判断して引かれたものではなく、読む行為と同時に引かれている。その結果、本来は文章理解に向けられるべき集中力が、線を引く作業によって低下するのだろう。線を引く作業は、重要か否かの判断ができなければ行えないはずだ。しかし、子供は線を引けば理解が深まると信じて、当てずっぽうの箇所に線を引いていく。笑えない話だが、それが小学生なのだ。

「線引き」同様、塾で行われている気になる指導の一つに、記述問題を解答する時は「大人の言葉」を使って書けというものがある。「大人の言葉」とは、子供はふだん使わないが、大人なら馴染みのある言葉——たとえば「親近感」「自己嫌悪」「罪悪感」「葛藤」「悲観的」といった抽象的な言葉のことだ。登場人物の心情や行動の説明を求められた際には、子供っぽい表現を避け、大人が使うような抽象語を使ってまとめよ、というのである。

中学入試で使われる課題文は、大人向けに書かれたものが多く、子供が精神的にいかに「大人」であるかということが問われるから、「大人の言葉を使って書く」とは、一見もっともに思える。しかし、ここにもまた落とし穴がある。

生徒の多くは、機械的に抽象語を教えられても、それを使いこなせないのだ。言い回しが不自然になるばかりでなく、答案を大げさで滑稽なものにしてしまい、その結果、何が言いたいのかわからない答案ができあがる。

受験生が練習段階で「自己嫌悪」や「葛藤」といった「大人の言葉」に挑戦してみるのはいいことだ。しかし、間違った使い方をした時に誰かに指摘され、修正してもらえるという環境がなければ、その受験生は入試本番で大変危ない橋を渡ることになるのである。

大人にとっては「当たり前」でも、子供にとってはまったく未知の概念や人間心理を問うてくるのが、現在の中学入試国語である。近親者の死に直面するという経験の乏しい小学生に、死によって遺された家族の感情を問うてみたり、晩秋にもの悲しさを感じている登場人物の心理を問うてみたりするのだ。しかし、大人には「当たり前」のこと、すなわち〈大人の基準〉を、何の訓練もないまま、子供に持てといっても無理がある。子供を〈大人の基準〉に当てはめるためには、十分な説明と時間を費やさなければならない。

本書では、普通の子供が〈大人の基準〉で出題されている問題を攻略し、難関中学の合格圏に入るまでのメソッドを、一から丁寧に説明した。

記述を制するものが入試を制す——現在の中学入試において、もっとも占める割合が大きく、点差もつきやすい「記述問題」への対処法がこの本のメインテーマである。本書で掲載した入試問題は、ほとんどが記述問題だ。記述問題が解ければ、選択式問題も解くことはできるという観点からだ。

しかし、「読む」段階に問題があると、何を答案用紙に書けばいいかわからない、あるいは書いても的外れになってしまうということが起こりうる。記述問題ができない原因は、実は「書く」レベルではなく、「読む」レベルにあるということが多い。

そこで、この本では「『読む』ための〈技《スキル》〉」（第一部）と「『書く』ための〈技《スキル》〉」（第二部）という、二つの大きなテーマに分けて解説している。各章では、そのエッセンスとなる〈技《スキル》〉を掲載している。これは、私がふだんの授業において、大きく赤で板書する部分で、どの文章・どの問題を解くときにでも使える秘技だ。

本書では、実際の私の教え子の答案を、筆跡もそのままに使用している。正しい指導を行えば、いかに記述力が向上するかを実証しているので参考にしてほしい。

引用した入試問題は、過去の難関校の入試から良問を精選した。筑波大学附属駒場・開成・駒場東邦・雙葉など、首都圏の難関校だけでなく、灘の課題文やラ・サールの良問なども多数掲載している。一般に、難易度の高い学校ほど、記述問題の占める割合が多いが、これら難関校を目指す生徒だけでなく、すべての中学受験生に役立つ普遍的な〈技《スキル》〉を解説している。

この本を活用し、正しい指導法でお子さんの国語力をつけ、志望校合格を果たしてくださることを祈る。

第一部

「読む」ための〈技《スキル》〉

一章

「はじめに文章を読むことありき」

氾濫する「無用の技術」

国語ができないといって相談に来た生徒を観察すると、問題文を読み始めたと思ったら、いきなり答えを書く生徒が多い。解きながら問題文を読んでいるのである。どうやら国語というものはそういうものだと思っているらしい。

私に言わせれば、このやり方は女子学院中学校を筆頭に、短時間で多くの問題に答えさせようとする学校を受験する際に必要な、いわば特殊技術である。しかも、文章を細切れに読んでいっても全体を把握できる頭脳をもっていなければマスターできない技術である。したがって、文章を「読む」という観点からすれば邪道と言わざるを得ないものであり、しっかりとした記述問題一本で攻めてくるタイプの難関中学に対しては無用の技術なのである。

十年ほど前、算数の得意な五年生の男子が、「最後まで読んでから解け」という私の指示に対して吐いた言葉を今でも忘れない。

「だってさあ、国語なんてさあ、最初と最後だけ読んでから、あとは線の近くを読んで答えればいいんじゃないの?」

父親から教わったと思われるこのやり方がハマる時があるのだろう。時折いい結果を出すことがあった。しかし、平均すると五〇台の偏差値にとどまっていたため、半年もしないうちに私の授業に来なくなってしまった。

読解問題とは、本来、文章に対する理解度を確かめるためのものだ。問題文は設問のための単なる材料ではない。決して良問とはいえない設問が数多く存在するのも事実だが、だからと言って子供が文章を読むことの本質を見失うような指導が正当化されるものではない。

「はじめに文章を読むことありき」なのである。必要とあらば、特殊な技術など半年もあれば習得できる。まずは、**〈文章を一気に読みきる集中力を養う〉**必要があるのだ。「読めたら勝ち」なのである。そして、説明文なら**「~について、筆者は~ということを言おう**

としている。」、物語文なら「**〜が〜した話をとおして、筆者は〜ということを伝えようとしている。」**という形で〈**一文で要約**〉してみるといい。はじめのうちは的を外れても、そうすることが文章の核心に迫ろうとする読み方につながるのである。

今日からできる一分間四百字音読

ちなみに、黙読で一気に読み通すことができない、音読もたどたどしい（六年生になる前にこの状態を脱していないと、かなり苦しい状況に追い込まれる）生徒のために、私が提案しているトレーニング方法を一つだけ紹介しておこう。それは、〈**一分間四百字音読**〉**トレーニング**である。読解問題に使われるような文章の四百字分を、子供に一分間で音読させるのだ。学校の教科書でも塾のテキストでもよい。親は時間を計る係として必ず参加しなければならない。これは親子で行うゲームなのである。

さっそく、次の例文を試しに音読してみよう。中学入試でも何度となく出題された芥川龍之介の名作『トロッコ』の冒頭約四百字分である。お子さんが一分間で読み切れるかどうか、チェックしてみるといい。

小田原熱海間《おだわらあたみかん》に、軽便《けいべん》鉄道敷設《ふせつ》の工事が始まったのは、良平《りょうへい》の八つの年だった。良平は毎日村外《むらはず》れへ、その工事を見物に行った。工事を——といったところが、唯《ただ》トロッコで土を運搬《うんぱん》する——それが面白さに見に行ったのである。

トロッコの上には土工《どこう》が二人、土を積んだ後《うしろ》に佇《たたず》んでいる。トロッコは山を下るのだから、人手を借《か》りずに走って来る。煽《あお》るように車台《しゃだい》が動いたり、土工の袢天《はんてん》の裾《すそ》がひらついたり、細い線路がしなったり——良平はそんなけしきを眺《なが》めながら、土工になりたいと思う事がある。せめては一度でも土工と一《いっ》しょに、トロッコへ乗りたいと思う事もある。トロッコは村外れの平地へ来ると、自然と其処《そこ》に止まってしまう。と同時に土工たちは、身軽にトロッコを飛び降りるが早いか、その線路の終点へ車の土をぶちまける。それから今度はトロッコを押し押し、もと来た山の方へ登り始める。

（芥川龍之介『トロッコ』）

どうだっただろうか。子供に集中力が欠けていたり、子供がふだん使わないような単語や言い回しがでてきたりすると、最初はとても一分間で読み終わることができない。しかし、二回三回と同じ文章に挑戦していくうちに、必ず一分間で読み終わることができるようになる。一つの文章をクリアーできたら、また別の文章に挑戦する。はじめて出会った文章を一回でクリアーできるようになれば、このトレーニングは卒業である。

この章のまとめとして、文章を読むための基本的な〈技《スキル》〉を確認しておこう。

技《スキル》

●集中力を養い、文章を一気に読みきる。

●〈一文要約〉トレーニング

「〜について、筆者は〜ということを言おうとしている。」（説明文）

「〜が〜した話をとおして、筆者は〜ということを伝えようとしている。」（物語文）

○〈一分間四百字音読〉トレーニングが効果的

二章 読書と受験国語の違い

「読書」は国語の成績に結びつかない

「国語の成績を上げるためには、たくさん本を読まなければいけない、と思っている生徒、親、おまけに教師までいる。しかし、国語も他の教科と同様、正しいトレーニングを積めば、必ず成績は上がる。がんばってください」

私がかつて、ある受験雑誌が企画した塾講師座談会で書いた、読者向けメッセージである。

しばらくすると「あなたは読書を否定するのか」、「いったいどんなやり方があるというのだ」といった電話を、同業の方から何件かいただいた。やや挑発的なメッセージであったとは思うが、気持ちは今も変わらない。

私は、読書が無用だ、中学受験の役には立たないと言っているのではない。読書によって培《つちか》われた国語力が受験国語を征覇《せいは》し得るという考え方には、むしろ大賛成なのである。そういう力を持っている子は、一年ぐらい答案を書く練習を積めば、トップレベルの学校の問題にも対応できるだろう。だが、読書をしなければ国語の成績は上がらない、成績が悪いのは読書をしないからだ、という考え方には賛成できないのだ。そもそも、「本を読まないと……」という言葉を口にする塾教師は、自分の存在意義を自ら否定しているように私には思える。

入試問題で点をとるには、入試問題でトレーニングすれば何とかなる。入試問題の文章も本の一部ではないか。六年生になってから読書で成績を上げようというのは、かえって非効率だといわざるを得ない。本を読む習慣をつけるのは四年生のときまでの話だ。五年、六年と受験が近づくにつれて問題演習の時間を増やしたほうがいい。

ところで、国語のできる生徒が読書家であるというケースは多いが、反対に、本はよく読むのに成績は良くないというケースも少なくない。なぜ読書が国語の成績に結びつかないということが起こるのだろうか。それは、**受験国語という精読のゲーム**（勝負、競技）

と読書という活動は別のものだからだ。

読書は、さまざまな感動を味わうためのものであったり、知的好奇心を満たすためのものであったりする。読書に費やす時間は自由であり、物語などは自分なりの解釈で読み進んでもかまわない。また、細部にこだわらずに全体を理解しようとする通読レベルで行われるのが小学生の読書だ。

だが、受験で文章を読むのは合格するためだ。限られた時間の中で出題者の解釈にそった答えを出さなければならない。そのためには精読しなければならないのである。読書と受験国語の違いをまとめると次のようになる。

	目的	時間・解釈	読み方
読書	楽しみ	自由	通読
受験国語	合格	制限つき	精読

両者のこのような違いのなかで、受験生がもっとも心に留めておくべき点は、通読と精

読の違いである。入試問題は、読書のような気楽な読み方をしただけでは簡単に得点できないように作られている。問題文を大別すると説明文と物語文があるが、小学生は、すらすら読みやすい物語文を精読することが実は苦手なのである。説明文より読みやすいせいか、あらすじがつかめた段階で安心感が生じるせいか、細部を再読しないと正しい判断が下せないような設問に対して、根拠のない憶測で答えてしまうのである。一言でいえば、ちゃんと読めばわかる問題を間違えてしまうのだ。したがって、私は何度も**「物語文でも説明文のようにしっかり読め」**と生徒たちに注意を促すことになるのである。

技 スキル

◉受験国語は精読のゲーム――「物語文」といえども「説明文」の読み方をせよ。

三章

「映像化して（絵に描いて）」読む

あなたの子供は「映像化」して読んでいるか

中学受験における「読む」作業とは、具体的にどういうことなのか。その一つ目の答えにつながる、山本一力氏の文章を読んでいただくことにしよう。

気取った文章は書いたそばから腐《くさ》る。
コピーライターを目指して修業《しゅぎょう》していたとき、師匠《ししょう》にこう戒《いまし》められた。
懸命《けんめい》に言葉を見つけて仕上げた文章を、師匠は一読しただけで、ビリビリッと破り捨てた。徹夜《てつや》して、何度も何度も書き直した原稿《げんこう》である。

逆らえないと分かってはいても、さすがにそのときは顔色が変わっていたらしい。わたしの顔を見て、師匠はデスクの向こうで座《すわ》り直された。

「口惜《くや》しいか。」

「はい。」

「そうだろうが、いまのお前に口惜しがる資格はない。」

厳しい言葉とは裏腹に、物言いはまことに静かだった。

「こんな駄文《だぶん》を書きなぐられた紙と、それに使われた鉛筆《えんぴつ》は、おまえ以上に口惜しがっている。読まされて、時間を無駄にしたおれも口惜しい。」

デスクの前で直立しているわたしに、師匠は椅子《いす》を持ってこいと言われた。近くのパイプ椅子を手にして戻《もど》ったとき、師匠が口にされたのが冒頭《ぼうとう》の言葉である。


（中略・引用者）

「お前はこのコピーに、どんな絵をつけるか考えてみたか。」

「もちろん考えました。」

言い切ったものの、わたしは青ざめた。言葉探しに夢中になっていて、絵をまったく考えてはいなかったからだ。

急ぎ、その場の思いつきを口にした。

水着姿のモデルがジャンプしている。思いっきり上に伸《の》ばした両手の先の、太陽。思い浮かべたのは、なんとも陳腐《ちんぷ》な絵だ。

鉛筆はもっとひどかった。

職人風の男が、錐《きり》で穴をうがつようにして鉛筆を両手で持っている。自分で説明しているその絵からは、鉛筆の書きやすさが伝わってこない。こないどころか、硬いだけの、誤ったイメージに襲《おそ》いかかられた。

説明がしどろもどろになった。

「言葉にする前に、伝えたいことをあたまのなかで絵にしろ。」

「絵ができたら素直《すなお》に書け。」

「文章を短く区切れ。」

「形容詞に頼《たよ》らず、言葉の力を引き出せ。」

これが師匠の教えのすべてである。

表現対象を理解しなければ、あたまのなかに絵は描《えが》けない。

メーカーから届けられていた鉛筆は、6Hでありながらも書きやすく、まるで硬さを感じなかった。試し書きさえしていれば、錐などという的外れは書かなかっただろう。

いまはワープロ、パソコン全盛《ぜんせい》時代だ。

手書きと比べて、桁違《けたちが》いに労力がいらない。書くも消すも、さらには文章の入れ替《か》えも自在である。

師匠は、絵ができたら素直に書けと戒められた。絵とは、書きたいこと、伝えたいことがなにかということだ。

それがはっきりしていないと、表現は回りくどくなる。しかも使うのは、楽に文章が紡《つむ》ぎだせるワープロ、パソコンだ。気を抜《ぬ》くと、文章は際限なく冗長《じょうちょう》になる。

書くのが楽ないまこそ、短い文章、簡潔で分かりやすい表現を目指すべきだと思う。

多くの名文、美しいと感ずる日本語表現は、いずれもシンプルだ。形容詞に頼らず、その言葉本来の力を際立《きわだ》たせている。

二十文字で文章を書け、とも言われた。

遵守《じゅんしゅ》は難しい。が、わたしは亡《な》き師匠の教えを守ろうと努めている。
気取った文章は書くそばから腐る。
これに勝《まさ》る戒めはない。

（山本一力『書く前に描く』）

【出典】灘中学校（二〇〇三年度・設問は省略した）

この文章に出会ったとき、私は正直とても嬉しかった。私がおしえていることは間違ってはいなかったという思いからである。

この文章から受験生が学ぶべき点は二つある。一つ目は、「短い文章、簡潔で分かりやすい表現を目指すべきだ」ということ。このまま受験生に贈れる言葉である。これは、第二部のテーマの重要なポイントの一つでもある。

二つ目は、書き手が「伝えたいことをあたまのなかで絵に」すること。文章が、書き手の頭の中にある絵を文字という記号で表したものだとすれば、「読む」ことは、その記号を媒介にして書き手の頭の中の絵にたどり着く作業だと言える。絵から文章が生まれ、文章が絵になる。このことを知らされていない子供はひじょうに多い。だが、**文章を絵にする、〈映像化する〉**能力は、「読む」ための〈技《スキル》〉として不可欠の要素なのである。

心情理解をはじめとする物語文読解を苦手とする子供は、場面ごとの映像化を十分に行わずに読んでいることが多い。映像化ができていないということは、判断材料を持たずに解答しているに等しいのである。「物語文ができない」とか「人物の気持ちが読み取れない」とかいう類《たぐい》の言葉を耳にすることは多い。だが、そういう決めつけをする前に、**子供がどのくらい映像化して文章を読んでいるかというチェックを一度はしてみる必要がある。**

まずは絵を描いてみる

さて、文章を絵にする作業とはどういうことなのか。まずは次の文章を読み、御自身でこの情景を絵に描いてみてほしい。

例題①

コンクリートでできた大きなすべり台は、公園のほぼ中央にある。台の上は三メートル四方もあって、鉄パイプの手すりがついている。山の上の展望《てんぼう》台、といった感じだ。数人がよこにならんで同時にすべれるほど、はばのひろいすべる部分が、西の砂場《すなば》へのびている。

はらには大きな土管がうめこまれていて、南北に口をあけたトンネルになっている。おとなが立ってあるけるくらいだから、かなりひろい。

のぼるところは、はしごではなく階《かい》段《だん》で、トンネルの口のよこについている。東がわはストンとなにもなく、むかいあった階段のために台形のかたちをしたコンクリートのかべ。ボールをあててあそぶのに、ちょうどいい。

（岡田淳『雨やどりはすべり台の下で』による）

小学生にとってここに描かれたすべり台の絵を描くことは、かなり難しい作業である。

その理由の一つに、立体的な絵や図を描く技術が身に付いていないということが挙げられるだろう。だが、それ以上に子供たちが試行錯誤をくり返してもこのすべり台の姿をとらえられないのは、漠然としたイメージだけで絵を描こうとするばかりで、書き手の作業を追体験できていないからなのである。

書き手は、頭の中の絵や眼前の光景を、写真を撮るように一度で相手に伝えることはできない。言葉の持っている、もどかしい一面である。したがって、書き手は全体をいくつかの部分、または段階に分割し、それぞれを言葉にすることで全体像を伝えようとする。読む側は、その逆の作業を同じ手順をふんで行わなければならないのだ。

この文章では、まず①「鉄パイプの手すりがついている」「三メートル四方」の台の絵。次に②西の方向にのびる「はばのひろいすべる部分」の絵。さらに、③はらにうめこまれた、南北に走る「大きな土管（トンネル）」の絵。そして最後に④「トンネルの口のよこについている」「むかいあった階段」の絵で完成である。裏側から見ると台形になっていなければいけないから、階段の位置は決まる。

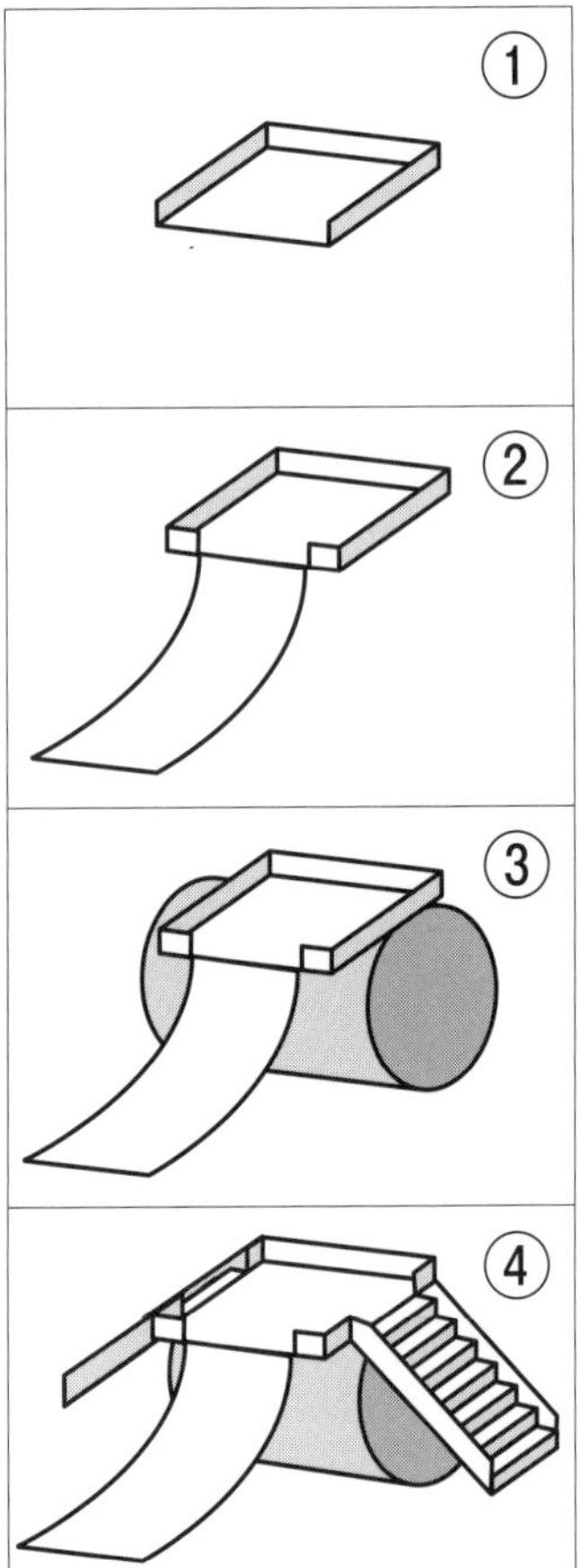

こうして説明されると大した作業のように思われないかもしれないが、結構な集中力を要するものなのである。次の文章はどうだろうか。今度は変化する画像である。

例題②

窓の外の、まるで花火でいっぱいのような、あまの川のまん中に、黒い大きな建物が四棟《むね》ばかり立って、その一つの平屋根の上に、眼《め》もさめるような、青宝玉《サファイア》と黄玉《トパース》の大きな二つのすきとおった球が、輪になってしずかにくるくるとまわっていました。黄いろのがだんだん向うへまわって行って、青い小さいのがこっちへ進んで来、間もなく二つのはじは、重なり合って、きれいな緑いろの両面凸《とつ》レンズのかたちをつくり、それもだんだん、まん中がふくらみ出して、とうとう青いのは、すっかりトパースの正面に来ましたので、緑の中心と黄いろな明るい環《わ》ができました。それがまただんだん横へ外《そ》れて、前のレンズの形を逆に繰《く》り返し、とうとうすっとはなれて、サファイアは向うへめぐり、黄いろのはこっちへ進み、また丁度さっきのような風になりました。銀河の、かたちもなく音もない水にかこまれて、ほんとうにその黒い測候所が、睡《ねむ》っているように、しずかによこたわったのです。

（宮沢賢治『銀河鉄道の夜』より）

第九章「ジョバンニの切符」の冒頭部分、「アルビレオの観測所」の情景描写である。この文章を一読して、頭の中にさっと六、七枚の絵が描けた方は、高水準の集中力と精読力の持ち主である。以前、飛行機の中でこの作品を読み返していた私は、ここで先へ進めなくなってしまった。ジョバンニの見た光景が自分の頭に描かれていないことに気づいたからである。通読レベルでは宮沢賢治の頭の中にたどり着くことはできないのだ。この文章、一文目を一枚、二文目を三枚から四枚、三文目を二枚の絵で描くことができる。興味のある方は三分ぐらいで描いてみてほしい。五分たってもできなければ諦めて結構である。私の絵は40ページで紹介することにしよう。

入試で出題される「映像化」

さて、ここまでの内容では、映像化が中学受験に直接つながるものではない、と思われてしまいそうである。ここから先は、中学入試問題から例題を選ぶことにしよう。

例題③

① 動物のすみかは、くつろぎの場としての快適さと同時に、外敵の侵入《しんにゅう》を防ぐ堅固さを兼《か》ねそなえたものでなければならない。

② 活力を回復するために、あるいは子育てを成功させるために、安心して休める場が不

可欠であるからだ。

③　だが、快適さを追求すれば、すみかは大きく、目立つものになってしまう。敵に発見され、侵入されやすくなる。安全性と快適さの追求は、しばしば矛盾《むじゅん》するわけで、野生動物にとっての巣作りの難しさは、この矛盾の解決にあるといってよい。

④　陸を生活の本拠《ほんきょ》としつつ水中に入って魚介類を捕食《ほしょく》するという、いわば水陸をまたにかけた特殊《とくしゅ》な生活様式を確立したカワウソは、すみ場所の特性を巧みに利用して、安全かつ快適なすみか作りに成功している。

⑤　カワウソのすみかは、川岸や湖岸の土手に掘《ほ》られた地中の巣で、基本的には一つの巣《そう》室《しつ》と外界に通じるトンネルからできている。

⑥　すみかの特徴《とくちょう》の第一は、トンネルの出入口を水面下にもうけたことだろう。おかげで、カワウソは水中で魚を追った後、敵に一瞬《いっしゅん》たりとも身をさらすことなく巣にもぐり込《こ》める。

⑦　イヌなどの敵のほうは、泳ぐことはできても、潜水《せんすい》して出入口を見つけ出すなどという離《はな》れ業《わざ》はとうていできない。巣の出入口で待ちぶせして、出てきたところを襲《おそ》うヤマネコ類の得意とする狩《か》りの方法も、カワウソには通用しないわけだ。

⑧　水中の出入口から巣室までは、直径《ちょっけい》二五センチほどのトンネルで結ばれている。トンネルは、はじめ一メートルほど水平に進んだあと、斜《なな》め上方に向かい、水面から出て、土が十分乾燥《かんそう》してきたところで広がって巣室となっている。トンネルはかなり長く、最長一五メートルの記録がある。

⑨　巣室は上下に偏平《へんぺい》な球形で、広さは、高さ九〇センチ、直径一八〇センチぐらいにもなる。尾《お》をのぞく体長七〇センチ前後のカワウソにとって、これは十分すぎるほど余裕《よゆう》のある広さだといえる。カワウソのすみかは、ふつう何世代にもわたって使用され、たびたび改修されるから、このように広くなるわけだ。

（中略・引用者）

⑩　さて、すみかの中心である巣室には、川岸にはえるアシなどを敷《し》きつめ、快適なベッドをしつらえてある。

⑪　問題は、出入口が水中にあるので空気の流通が遮断《しゃだん》されることだ。だが、この点でもカワウソは、なかなか用意周到《しゅうとう》な建築家である。

⑫　巣室から上方へ側道が掘られ、外界に開いた換《かん》気《き》孔《こう》となっている。換気孔は出入口としては、けっして使われず、アシの茂《しげ》みなど、目立たない場所に開いているから、敵に発見されることはまずない。大木の根元の洞《ほら》から幹の中を通って外界に通じていた例もある。多くの場合、枯《か》れ枝や落葉などが自然にふりつもって、うまくカムフラージュされているものである。

（今泉吉晴「カワウソ」『ツルはなぜ一本足で眠るのか』所収より）

問　右の文章を参考にして、カワウソの巣のようすが分かるような断面図を描きなさい。図には必ず、巣室・換気孔・出入口・水面（川または湖）の場所を明示しなさい。巣室の中のようすを描く必要はありません。

カワウソの巣

【出典】海城中学校（一九九〇年度）

段落番号は私が付けたものである。平成初期の海城は良質の問題が多かった。絵を描く作業の基本は例題①の解説で述べたとおりだ。まずは精読。説明に費やされた言葉を少しずつ、正確に絵にしていく作業が要求されている。

まずは⑤段落の「川岸や湖岸の土手」である。この時、とりあえず水面も描くことになるが、ここで描いた水面の位置は仮のものである。あとで巣室との位置関係を確認しなければならない。

次に⑥段落。「トンネルの出入口を水面下」に描く。

⑧段落でトンネルを描く。「はじめ一メートルほど水平に進んだあと、斜め上方に向かい」とある。問題はその後だ。「水面から出て、土が十分乾燥してきたところで広がって巣室となっている」という部分を読み落として、巣室を水浸しにしてはいけない。次の一文も読み飛ばすと、水平と斜め上方のトンネルが一対一の長さになってしまう。この段階にきて、最初に描いた水面の位置を修正しなければならない。

⑨段落で巣室を「偏平な球形」で描く。

⑫段落で換気孔を付けて完成だ。換気孔が開いている場所にだけ茂みを描く生徒がいる

が、それでは駄目だ。イヌやヤマネコに巣の在りかを教える目印になってしまうではないか。

以上の作業で完成した断面図は、次ページのようになる。例題②の絵も、ここで紹介しておこう。

いかがだっただろうか。例題②と例題③の二問を、お子さんにも解かせてみて、どの程度の出来か、チェックしてほしい。

例題③ **解答例**

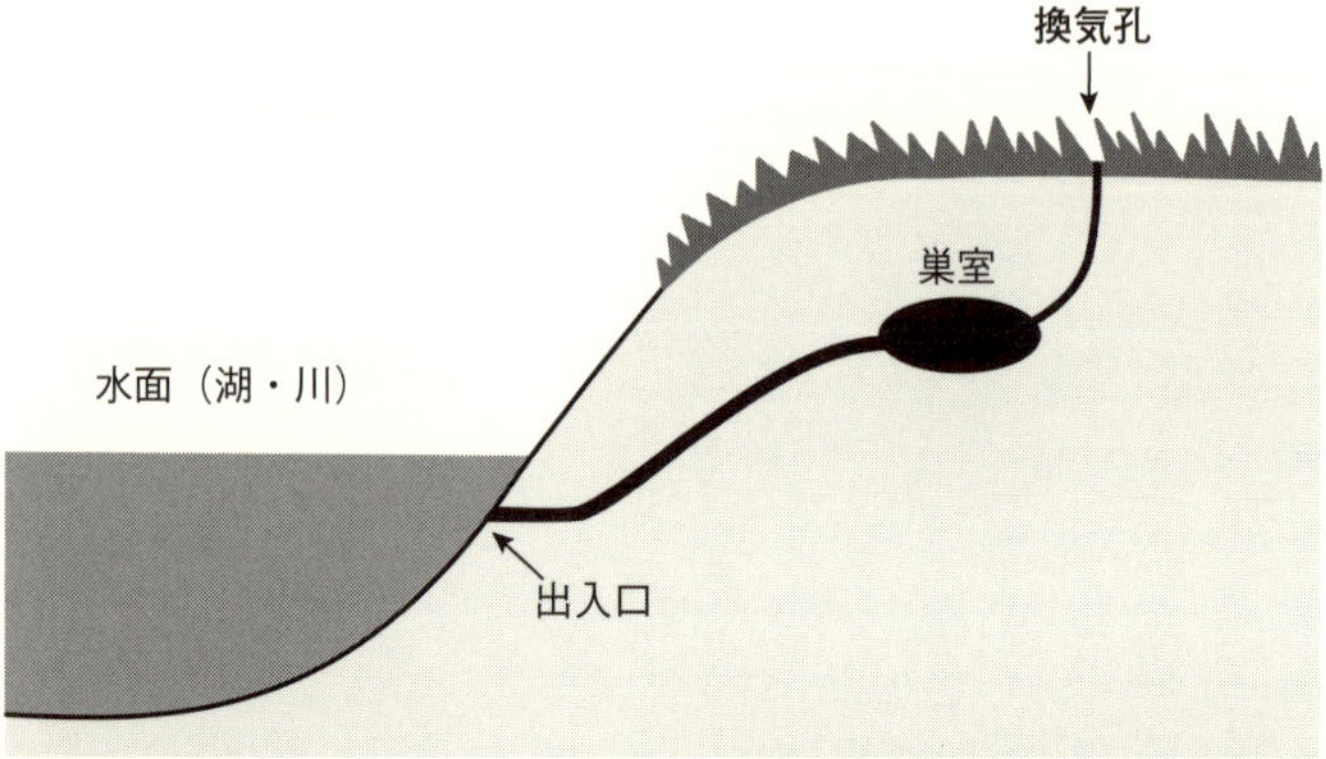

〈例題②の絵〉

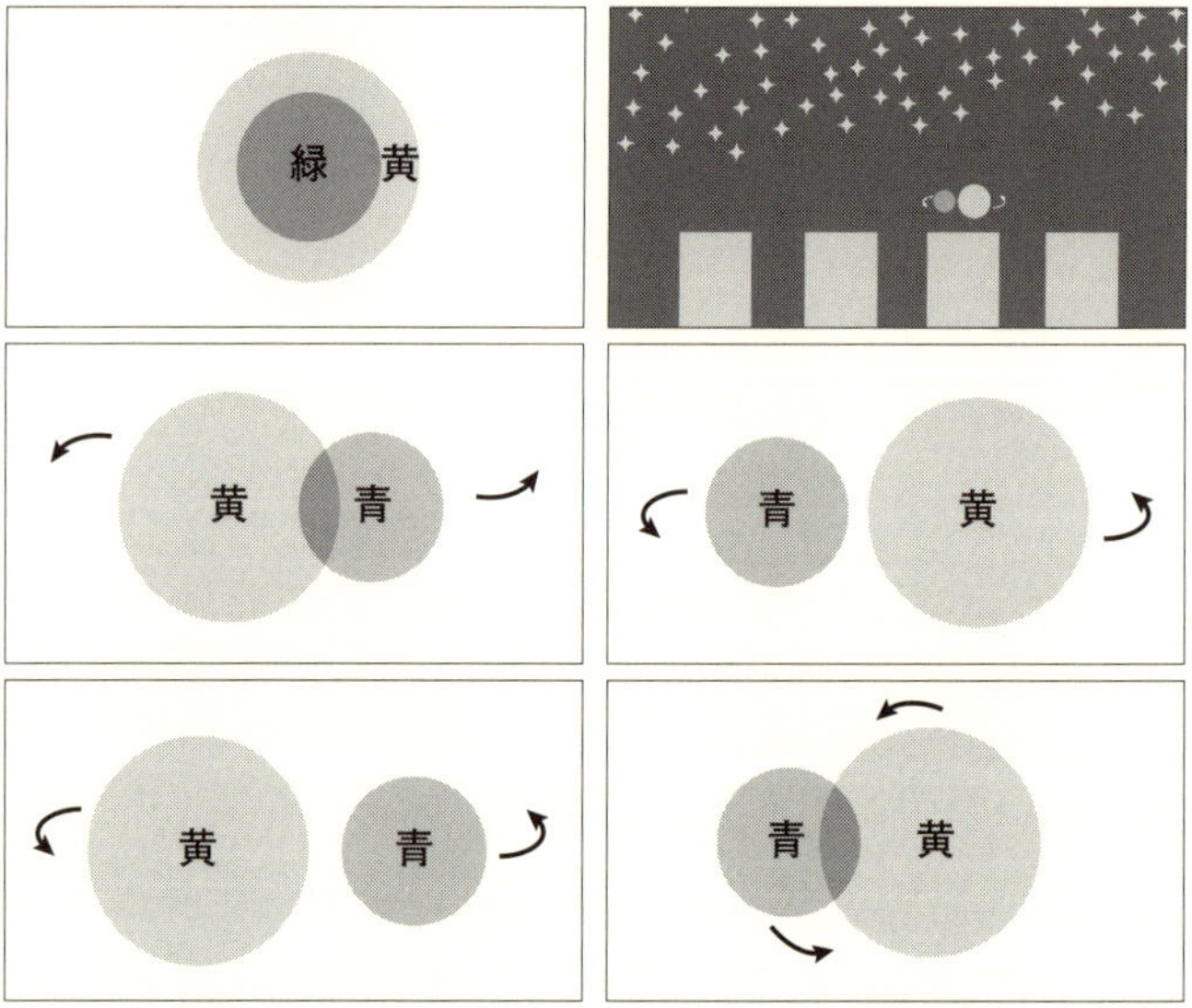

●難問も「絵」で解ける

続いて、「絵を描く」ことが記述問題の攻略につながることを実証してみよう。

例題④

4

月曜日、幸枝は、学校にいるあいだじゅう、ゆううつであった。授業ちゅう、先生の話もほとんど耳に入らなかった。

なぜ、あんなささいなことで、父と大げんかしたのだろう。よくよくかんがえてみると、けんかの原因は、あるような、ないようなものだった。でも、こちらからあやまるのはしゃくだった。父だって、いちどはあやまったものの、そのあとでは、かえってふてくされている。けさだって、おはようのあいさつすらかわさなかった。この戦争は、ひょっとしたら、ながびくかもしれない。そうかんがえると、幸枝はますます、ゆううつになるのだった。

夕がたの六時すぎ、どんよりとくもった空から、ぽつりぽつり、雨がおちはじめた。

「おかあさん、また、ふってきたわ。」

幸枝は、窓から上半身をのりだし、ゆるやかな坂になってつづく歩道を、見おろした。

連日の雨で、かわくひまのないアスファルトの歩道は、黒くいびつにひかっていた。その歩道に、とつぜん、少年がひとりおどりでて、坂道を走りだした。しばらく走ってから、少年は手にもった二本のかさのうち、一本をさっとひらいた。それは、幸枝がもっているのとおなじ黄色いかさだった。

「あの子、おとうさんをむかえにいくのね。」

そうつぶやいたとき、幸枝の目のまえを、なにかあかるい光のようなものがよぎった。

「そうだわ、わたしも、むかえにいこう。」

5

五分か六分ごとに、満員の通勤客をのせた電車がホームにすべりこみ、どっとお客をはきだした。そのたびに、幸枝は背のびして、改札口からおしだされる人波のなかに、父の顔をさがした。しかし、五台待っても六台待っても、父はすがたをあらわさなかった。

あたりはすっかりくらくなり、雨はしだいに本降りになってきた。幸枝は、いらいらしてきた。なんとなく父がかえってくるような予感がして、駅までやってきたのだが、こんなに雨がひどくなったのでは、いつものくせで、お酒をのみにいったのかもしれない。だとすれば、待つだけむだではないか。

そのとき、また電車がつき、人波と人いきれがちかづいてきた。おもいきりのばした首を、右に左にうごかしていた幸枝のほおに、さっと赤みがさした。幸枝は、すぼめたかさをたかくさしあげて、力いっぱいさけんだ。

「おとうさん、ここよ。」

かばんをさげた長身の父が、幸枝のまえにかけよってきた。ふにおちぬ顔だった。

「また、どうした？　なにかあったのかい。」

「なにいってるの。おむかえにきたのよ。」

「そうか。それは、ごくろうさん。」

父は、かみをかきあげ、ちょっとてれくさそうにわらった。父のコートは、ぬれてはいなかったが、すこししめっているようだった。

「かさは？　東京はふっていなかったの。」

「どしゃぶりさ。ずぶぬれになったけど、電車のなかでかわいちゃった。かさをなくしてばかりいるんだもん。ばつをうけなくちゃ。」
⑤ひろいひたいを、父はピシリとたたいた。
「おとうさん、わたし……」

ことばをくぎりくぎり、幸枝はいった。

「なにもいわなくていい。」

と、父はおだやかにわらった。

「おまえの気持ち、とうさんには、よくわかっているよ。」

しばらく、幸枝は、父のひげのこいほおを見つめていたが、こっくりうなずいた。

「じゃ、いきましょうか。かさは、これ一本きりよ。」

「いや、けっこう、とうさんがもとう。」

父はかた手で、小さな黄色いかさのえをくるくるまわし、頭の上でぱっとひらいた。それは、雨のなかにさいた小さな黄色い花のようだった。

「さあ、いこう。」

父のうでがのび、むすめのかたをだいた。

そしてふたりは、恋人どうしのように、黄色いかさの下でかたをよせあい、雨の駅前広場をゆっくり歩いていった。

（砂田弘『六年生のカレンダー』による）

問六　――線部⑤「ひろいひたいをピシリとたたいた」について。父がそういうことをした理由としては、今までの自分の行い（家族に迷惑《めいわく》をかけたこと、幸枝をたたいたことなど）に対して自分をこらしめてみせたということも考えられる。しかし、そういうこと以外に、何か目的があってしたように思われる。その目的を考えて、20字以内で説明しなさい。

問八　物語で登場人物の気持ちを表現するとき、「彼は悲しくなった」というように気持ちを直接に表現するのではなく、周囲の景色やあるものの様子を描くことで表現することがある。では、あるものの様子を描いて、「幸枝の明るくうきうきした気持ち」を表現しているところを、第5章から見つけて、ぬき出しなさい。

【出典】 桐朋中学校（一九九〇年度）

設問に直接関係のない前後の文章は省略している（中略を除く。以下同）。二つとも難問で、生徒に解かせても正解率は極めて低い。

まず、問六について解説しよう。「かさをなくしてばかりいる」ことや、「家族に迷惑をかけたこと、幸枝をたたいたことなど」に対する「ばつ」以外の理由を問うている。したがって、文中に直接ヒントとなる記述はない。どうすれば生徒を解答に導くことができるだろうか。

私は、この時の父親がどんな表情をしているかという質問をする。そして、黒板に顔を描いて、目と口を書き込ませる。生徒は「ええー？」と言いながら黒板の顔を写し始めるのだが、面白いことに、○か△の答案を書いた生徒だけが瞬時に目と口を書き込むことができる。さらに面白いのは、それらの生徒が成績上位者に限らないということである。

読者の方は、父親の顔が映像化できただろうか。そう、笑顔である。父親は笑いながら自分の額をたたいている。こういう仕草を何と言うか。ふつう、人はその仕草を何のために行うか。これらの質問を私が発し、生徒が答えた段階で解説終了だ。**「映像化して読む」**ことがいかに重要なのかを示す良問である。解答は「幸枝の気持ちを和らげ、仲直り

をするため。」となる。

　次に問八。「情景」から「気持ち」を読み取る、あるいは「気持ち」を表す「情景」を探す問題は、中学入試の物語文でよく見かける。この問題のように、考え方を示したうえで問題を解かせようとする配慮は他校ではほとんど見られないが、〈比喩〉や〈象徴〉とともに中学受験生がマスターしなければならない表現理解の方法である。とくに〈象徴〉という考え方は、二〇〇〇年の麻布での出題以来、中学入試の世界に本格的に参入してきた観がある。

　さて、この問題、「幸枝の明るくうきうきした気持ち」に結びつく「情景」を探す問題である。ポイントは二つある。

まず、「明るくうきうきした気持ち」は文中にあることばではないということ。すなわち、作問者が、解答と定めた箇所から抽出した言葉なのである。したがって、「明るく」にも「うきうきした」にも重要な意味が込められており、こだわる必要がある。言葉による手がかりはこれら二つしかないのだから。二つ目は、探す箇所が「情景」だということ。「情景」は絵に描ける。つまり、絵を描いて考える問題である。

ここで、多くの生徒が書く答えを紹介しよう。最後から四文目の「それは、雨のなかにさいた小さな黄色い花のようだった。」である。ある過去問題集の答えも、これと同じだった。まずは、この答えの検証から始める必要があるだろう。絵にすると左上のようになる。

「しっとり」として「落ち着いた」感じ、「つつましく」て「ささやかな」幸せを感じさせる絵だ。「小さな」花でも「黄色」であることから、「明るく」という要素は取り出せる。だが、「うきうきした」という要素だけは、取り出せない。設問の「あるもの」にあたる言葉も、先ほどの答えでは「そ

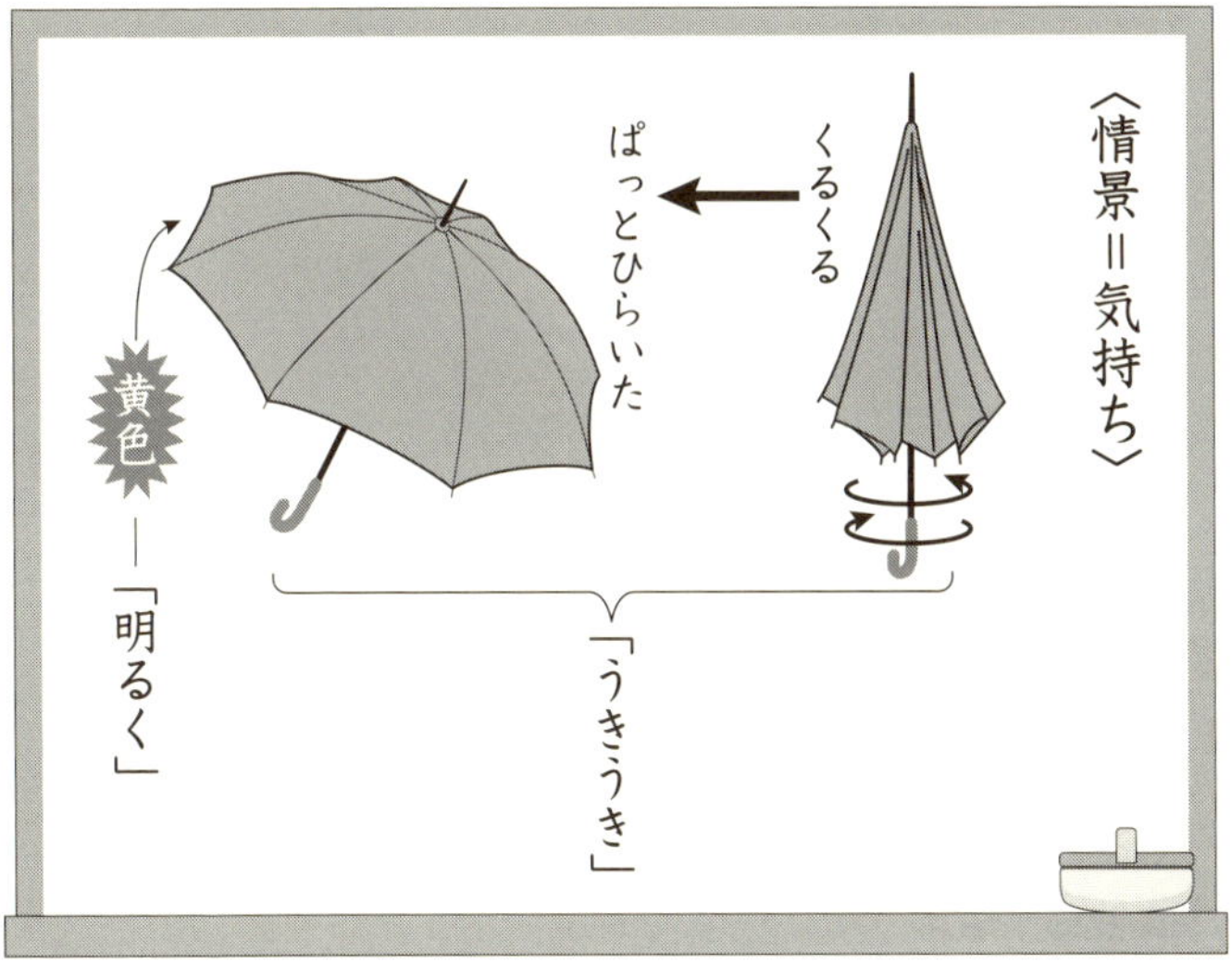

れ」という指示語になってしまうし、「小さな黄色い花」は比喩である。本当にこれが正解なのだろうか。むしろ、この答えを排除するために、作問者はあえて「うきうきした」という言葉を加えたのではなかろうか。

そこで、一つ前の文を見ていただきたい。「父はかた手で、小さな黄色いかさのえをくるくるまわし、頭の上でぱっとひらいた。」これならば、「くるくるまわし」、「ぱっとひらいた」という言葉から、「うきうき」という軽快ではずむ感じが読み取れる。また、眼前に「黄色いかさ」が「ぱっと」ひらくという光景から、黄色の明るさが鮮明に印象付けられ、目の覚めるような感覚をおぼえる。さらには、父と娘のわだかまりが、ここで一気に払拭されたことさえ感じられるのである。一文という条件はないので、その次の一文を含めた答えも当然可能だろう。

解答【問六 (例) 幸枝の気持ちを和らげ、仲直りをするため。 問八 父はかた手で、小さな黄色いかさのえをくるくるまわし、頭の上でぱっとひらいた。】

例題⑤

赤とんぼ

三木露風《みきろふう》

夕焼け小焼けの
赤とんぼ
①オわれてミたのは
いつのヒか

山の畑の
桑《くわ》の実を
小籠《こかご》に摘《つ》んだは
まぼろしか

十五で姐《ねえ》やは
嫁《よめ》に行き
お里のたよりも
絶えはてた

夕焼け小焼けの
赤とんぼ
とまっているよ
竿《さお》の先

問一　――①「オわれてミたのはいつのヒか」の部分について、

(1)　カタカナは漢字に直した上で、文字の形、大きさを整えて、ていねいに大きく書きなさい。

(2)　この詩の中で「オわれて」とは、どういうことですか。具体的に答えなさい。

【出典】筑波大学附属駒場中学校（二〇〇五年度）

この問題、字の汚い答案に業を煮やした筑駒の先生が、ついに開発した新兵器？　ていねいに書けばどの程度の字が書けるのか、値踏みでもしているのだろうか。ここでていねいな字が書けるのに他が雑なら減点？　とすれば、あまり上手な字を書かないほうが得策か？　もちろん冗談である。聞くところによると、これは国語学習の一分野である「書写」の能力を問うているらしい。したがって、漢字が書けただけで○《マル》をとったと考えるのは間違いで、ひらがなも含めて大きく、ていねいに、できるだけきれいに書いたほうが高得点を得ることができる。字の下手な生徒は練習しておくべきである。ともあれ、筑駒が

○
負われて

×
追われて

答案の字の汚さに警告を発しているのは間違いないだろう。

本題に戻ろう。**〈映像化して（絵に描いて）読む〉**ことは、詩を理解するうえで特に重要である。詩、短歌、俳句も同様だが、言葉が少ない分だけ読む者に想像力の喚起を要求する。詩、短歌、俳句が苦手だと言う子供は多い。その原因の一つが、映像化して読む能力の欠如にあると言えるだろう。

この問題では、(2)で「オわれて」の意味を問うているので、(1)で「追われて」と書いた受験生に再考のチャンスが与えられている。だが、映像化して考えない生徒は、自分の答えが前ページの下の絵のような情景を描いていることには気付かないだろう。絵を二つ描いてみれば、上のものが正しいことは直観的にわかるはずだ。

詩の理解に関しては、何よりもまず、この章の冒頭に挙げた山本一力氏の『書く前に描く』を心に刻むべきなのである。

解答　**【(1)負われて見たのはいつの日か　(2)（例）姐やに背負われて、ということ。】**

四章
「図式化して」読む

算数と同じように解く

「映像化」とならぶ精読方法の一つが**「図式化」**である。絵にならない文章を、**図や表に整理して考える**。あるいは、**正解に至る論理の過程を文章に基づいて図式化する**。前者は、算数の文章題を、線分図などで〈図表化する〉ことに似ており、後者は〈式を立てる〉ことに似ている。両者とも「映像化」と同様に、字面を追う程度の読み方では実行できない作業である。

さっそく例題を見ていただこう。

例題①

キリンを漢字では麒麟《きりん》と書いたりしますが、これはキリンつまりジラフとは似ても似つかぬ中国古代の想像上の動物です。早い話がキリンビールのビンに貼《は》ってある商標のあれです。英語のkylin（「キリン」と発音する）もこの想像上の動物を指します。中国ではジラフは長頸鹿（「チャンチンルー」と発音する）です。中国では麒麟が百獣《ひゃくじゅう》の王とされていて、牡《おす》を麒、牝《めす》を麟といいます。仁徳ある王者や聖人が出現したときだけ人の目に触《ふ》れるという伝説や、また生きている草や虫を踏《ふ》まないという言い伝えがあります。そこで、これはわたしの独断めいた推理ですが、キリンが日本へやってきたとき、ジラフ(giraffe)でなく百獣の王であり神獣であるという貫禄《かんろく》にあやからせたい気持ちが動物園の関係者の胸にあって、それで「麒麟」を当てたのではないでしょうか。ジラフはアラビヤ語で「速く歩くもの」の意だそうです。その名の通りキリンは走行能力に優《すぐ》れていて、ひと跳《と》びで四、五メートル、時速四五〜五〇キロメートルで長距離《きょり》を走ることができます。

（川崎洋『教科書の詩をよみかえす』）

問10　次の各文の中で、右の解説文の内容に合っているものは○、違《ちが》っているものは×と答えなさい。

ア　中国や日本ではキリンのことを「麒麟」とも書き表す。

イ　英語でもキリンのことを「キリン」と発音する。

ウ　キリンのことを「キリン」というのは日本だけである。

エ　キリンとジラフは同じものを指している。

【出典】　獨協中学校（一九九五年度）

選択肢問題だが、正解率はきわめて低く、全問正解する生徒はまれである。選択肢の粗探しをさせる内容一致問題とは異なり、精読能力を問うた良問である。

この文章、「キリン」と「麒麟」を読み分け、両者に対する記述内容を整理して頭に収める必要がある。だが、その作業をしないまま、漠然とした状態で○か×かをつけてしまう生徒が多いのである。

〈表に整理して考える〉

	B	A

日本語	キリン	麒　麟
中国語	長頸鹿（チャンチンルー）	麒　麟
英語	giraffe（ジラフ）	kylin（キリン）

表にすると次のように整理できる。この表を例題の文章上で確認しながら見ていただきたい。まず、一文目の内容から、「麒麟」＝「中国古代の想像上の動物（表中Aの動物）」であり、「キリン（表中Bの動物）」＝「ジラフ」であることがわかる。次に、三文目で「英語のkylin」＝表中Aの動物となり、さらに、四文目で「ジラフ（表中Bの動物）」＝「長頸鹿」であることがわかる。この文章ではジラフが英語であることは明記されていないが、問題を解くうえで支障はない。

この問題は、さまざまな呼び名を二種類の動物に分類できたかどうかを問う、精読トレーニングにうってつけの教材である。

解答

【ア×　イ×　ウ○　エ○】

例題②

こたつのあるくらしが、毎日の起きふしにすっかりなじんだころ、外では、いちょうの木の黄葉を最後に秋が退場して、木たちが一年中でいちばん美しい姿をあらわしはじめる。その下にたたずんでいると、頭上でひそひそとささやく声がきこえるのだが、なにを話しているのかは、耳をすましても聞きとれない。しかし、かれらはおそらく、何かを待っているにちがいないという気がする。来るべきものについて、それだけを、あれこれ話し合っているにちがいない。なにを待っているのか。おそらく、人間と同じものを。

その、いくらか不安げにみえるささやきが、いざ雪がくると、ぴたりと静まる。空いっぱいにのばした枝《えだ》々が、ひとしく重い冷たい来訪者を迎《むか》えるとき、木たちは急に巨大になり、土に根を張るものの自信にあふれて、いささかも動じない。

おもしろいことに、(5)人間にも同じことがおこる。半年の間待ち続けていたことに、ついに結着がついたことの安堵《ど》かもしれない。それを見越していながら、今はまだ、不安と期待とを半々に、ひたすら待つ季節のさなかである。

（杉みき子『がんぎの町から』）

問八　――線(5)「人間にも同じことがおこる」とあるが、どうなるのですか。二十五字以上三十五字以内で説明しなさい。

【出典】ラ・サール中学校（一九八二年度）

この章の冒頭（55ページ）で述べた**〈論理の過程を図式化する〉**ことで解ける問題である。まず、――線(5)で「人間にも〈何と〉同じことがおこる」のかと考える。「木たち」である。つまり、「木たち＝人間」と考えることができる。したがって、人間がどうなるのかという問いの答えは、「木たち」におこっていることと同じになる。これを図で示すと、次ページの板書のようになる。

木たちの変化は――線(5)の直前に記述されている。それは、「不安げにみえるささやきが……ぴたりと静まる」、「巨大になり」、「自信にあふれて……動じない」という三つであ

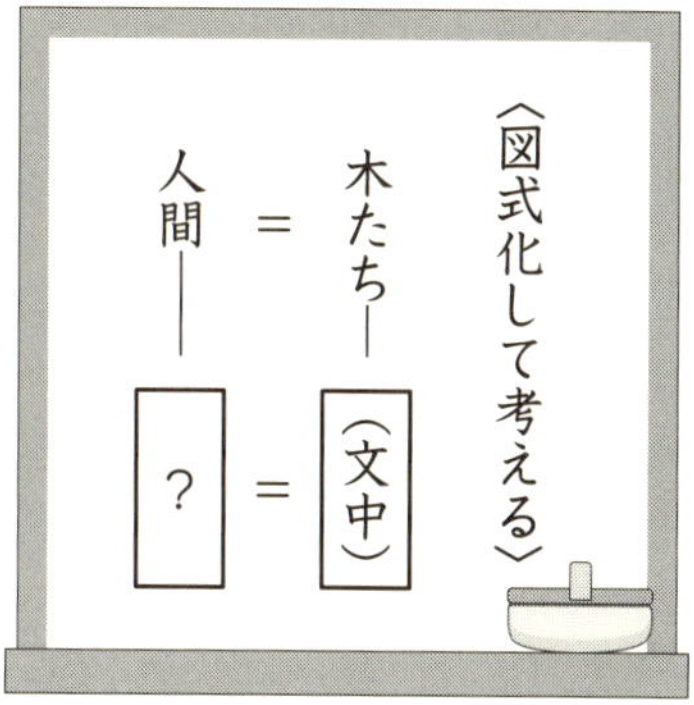

る。「巨大になり」は、木の枝に雪が降り積もった様子を表しているが、人間ではどうなるのか。雪だるま状態になることではない。厚着をして「巨大になる」という解釈は可能だが、ここでは「自信にあふれて」「動じない」という気持ちの大きさを表しているという読み方もできるので、この要素は省いてもいいだろう。

　この問題、大人にとっては何でもない問題のように思える。しかし、小学生はなかなか得点できない。「木たち」と人間が対応していることに気づかず、人間におこる変化が何かということだけを考えるからだ。受験生はこの問題から、直接正解に至ろうとするのではなく、**正解に至る筋道を考える**ことが大切なのだ、ということを学ぶべきだ。

解答例　【雪がくると人々の不安が静まり、自信にあふれて動じなくなる。】

五章

文章を「かたまり」で読む

この章で扱うテーマは、さほど目新しいものではない。この本の中で唯一ありきたりのテーマだと言えるかもしれない。いわゆる「段落分け」と称される問題である。説明文では〈序論・本論・結論〉という全体の構成パターンで分けたり、物語文では〈場所〉〈時間〉〈登場人物〉の変化で分けたりする。この章で扱うのは主に説明文である。目新しくはないテーマを、あえて取り上げる理由は二つある。

記述問題の勝敗を分けるテーマ

一つ目は、このテーマが大人の想像以上に子供にとって手強《てごわ》いものであること。

説明文読解の成否は、ほとんどこの読み方にかかっていると私は考えている。だから、五年生の授業の半分近くをさまざまな「かたまり」で読むトレーニングに当てるのだが、それでも、なかなか定着しないテーマである。

二つ目の理由は、本書のメインテーマである記述問題において、勝敗を分ける決定的要因になり得ること。とくに桜蔭や開成などの、説明文に対する記述問題ではこの傾向が顕著である。

前置きはこのくらいにして、文章を「かたまり」で読むということを、例文をつかって具体的に説明することにしよう。この例文は、**説明文を「話題のかたまり」で読む**〈技《スキル》〉を見つけ出すためのものである。私が「話題のかたまり」と呼んでいるのは、共通の話題で書かれた形式段落（一字下げて書き始められる）のあつまりで、ふつうの参考書や問題集では「意味段落」と言われるものである。

例文

①　日記とはいったい何であるか、などという本質論《ろん》はあとまわしにして、とりあえず、日記のかき方について、しるそう。こういうことも、前章の手紙の話とおなじで、学校でもおしえないし、一般《いっぱん》に議論されることがない。そのため、形式や技法がいっこう進

歩しないのである。新年に日記をつけはじめても、まもなくやめてしまう人がおおいというのは、ひとつにはその技術の開発がおくれているためであって、かく人の意志薄弱《はくじゃく》とばかりはいえない点もあろう。

② 日記は、人にみせるものでなく、自分のためにかくものだ。自分のためのものに技法も形式もあるものか。こういうかんがえ方もあろうが、そのかんがえは、二つの点でまちがっているとおもう。第一に、技法や形式の研究なしに、意味のある日記がかきつづけられるほどには、「自分」というものは、えらくないのがふつうである。いろんなくふうをかさねて、「自分」をなだめすかしつつ、あるいははげましつつ、日記というものは、かきつづけられるのである。第二に、「自分」というものは、時間とともに、たちまち「他人」になってしまうものである。形式や技法を無視《むし》していたのでは、すぐに、自分でも何のことがかいてあるのか、わからなくなってしまう。日記というものは、時間を異《こと》にした「自分」という「他人」との文通である、とかんがえておいたほうがいい。手紙に形式があるように、日記にも形式が必要である。

③ どういうわけか、日記には心のなかのことをかくものだという、とほうもない迷信が、ひろくゆきわたっているようにおもわれる。わたしは、「よんでみてくれ」といっ

て、日記をわたされた経験が、なんどもある。日記をひとによませることによって、自分の思想や苦悩《くのう》を理解してもらおうという、一種の、つきつめたコミュニケーションの方法であろう。よんでみると、それは例外なく、その種の「内面の記録」であった。

④　わかい人たちにたずねてみると、かれらのかく日記というのは、大部分が、やはり心か魂《たましい》の記録でうめられているようである。そして、日記とは、そういうもの――ひめられたる魂の記録――だとおもっている、というのである。

⑤　どうしてこんなことになったのか。ひとつには、日記のことを文学の問題として考える習慣があるからだろう。じっさい、教科書や出版物などで紹介《しょうかい》されている日記というのは、おおむねそのような内面の記録か魂の成長の記録かである。それはそれで意味のあることで、日記文学というものがあることも否定《ひてい》はしないが、すべての日記が文学であるのではない。文学的な日記もあれば、科学的な日記もあり、実務的な日記もある。日記一般を魂の記録だとかんがえるのは、まったくまちがいである。日記というのは、要するに日づけ順の経験の記録のことであって、その経験が内的なものであろうと外的なものであろうと、それは問題ではない。日記に、心のこと、魂のことをかかねばならないという理由は、なにもないのである。日記をかくうえに、このことは、かなりたい

せつなことだと、わたしはおもう。

⑥　心の問題にまったくふれない日記とは、どういうものか。たとえば、航海日誌《にっし》とか業務日誌のたぐいをおもいうかべればよい。それの個人版である。自分自身にむかって提出する毎日の経験報告なのだとかんがえればよいのである。じつは、こういうつもりでかいた日記のほうが、ほんとうに役にたつ。いきおいドライな記述がおおくの部分をしめることになるだろうから、文学作品や教科書の文例にはなりにくいが、個人にとって、ほんとうに日記をつける意味があるのは、心の問題よりも、むしろこういう部分だと、わたしはかんがえている。その日その日の経験やできごとを、できるだけ客観的に、簡潔《かんけつ》に記録しておくのである。もちろん、内的な経験を排除《はいじょ》する必要はない。思想も、感情も、客観的に、簡潔に記録できるはずのものである。

（梅棹忠夫『知的生産の技術』）

この文章は、いくつの「話題のかたまり」で読めるだろうか。

まずは、一般的な考え方から説明しよう。同じ話題の段落が集まって一つの「かたまり」になる。新しい話題に移れば、そこから新しい「かたまり」が始まる。この話題の変わり目に気づくためには、**最初の話題を明確につかんでおく**必要がある。文章の読み始めが重要なのだ。

では、「話題」はどうすればつかめるか。ある話題について書かれた部分では、その**「話題を示す言葉」**が多用される。言葉に敏感でなくてはならない。そして、新しい話題に移れば、その**「新しい話題を示す新しい言葉」**が登場し、それが再び多用される。

このような考え方で例文を見ていこう。

まず冒頭の①段落だが、最初の一文目で注目すべきは「日記」「日記のかき方」である。だが、読み進むうちに、これらの言葉は文章全体の話題であることに気づく。別の観点から、「日記」についてもう少し細かく見ていかなければならない。三文目に「形式や技法」という言葉がある。次の文でも「技術」がある。②段落になると、「技法も形式もあるものか」「技法や形式の研究なしに」「形式や技法を無視して」と、たて続けに**「同じ言葉」が繰り返され**、最後の一文にも「形式」という言葉が二度使われている。③段落以降では「形式」も「技法」も出てこない。したがって、①段落と②段落が「かたまり」になるのである。

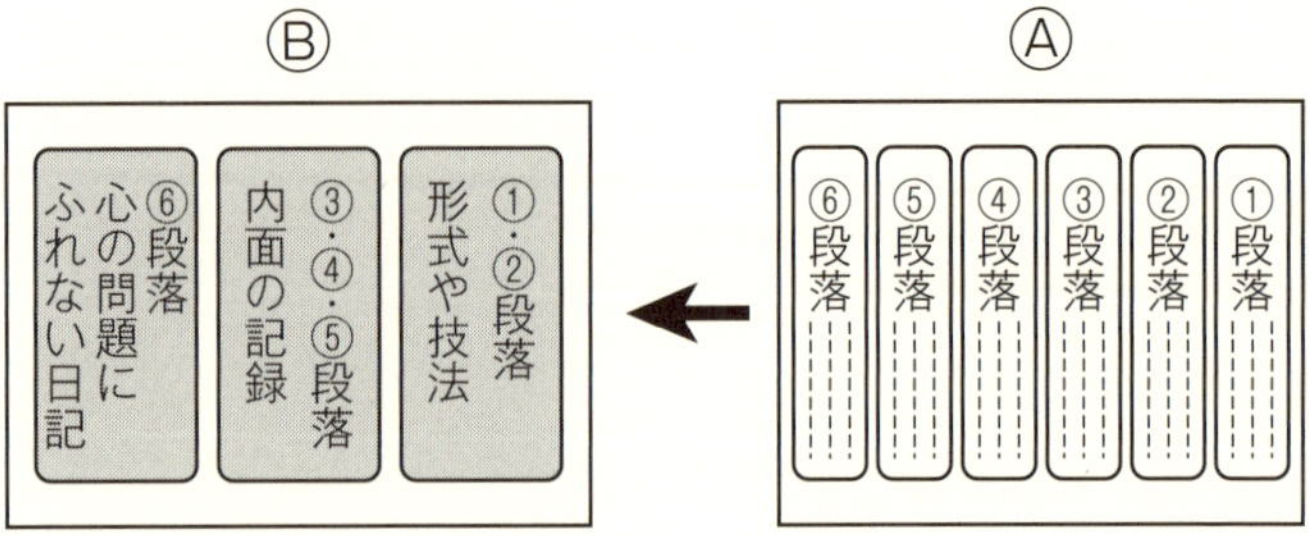

③段落になると、一文目に「心のなかのことをかく」という、日記の内容に関する言葉が現れる。これが「新しい話題を示す新しい言葉」である。以降、「内面の記録」「心か魂の記録」「魂の記録」「魂の成長の記録」と続き、⑤段落の終わりで、「日記に、心のこと、魂のことをかかねばならないという理由は、なにもないのである。」という、この話題に対する結論に行き着いている。

⑥段落では「心の問題にまったくふれない日記」という**「新しい言葉」**によって、再び**新しい話題**に移っていることが分かるのである。

すでに三つの「かたまり」で読めていた読者にはくどい説明だったと思うが、生徒にはここまで示してやる必要があるのだ。私は三色のマーカーペンで「話題を示す言葉」すべてを色分けさせて、三つの「かたまり」を視覚的に実感させる。

文章は、ながめただけではⒶのようにしか見えない。ただの文字の羅列である。だが、「読む」作業を行った後はⒷのように見えてこなければならないのだ。これが私の言う、**〈説明文を「話題のかたまり」で読む〉**ことである。

筑駒の問題にトライ

実際の入試問題から、例題を一つ挙げておこう。テーマは同じだが、別の角度からのアプローチである。

例題

〈注意〉本文は、問題作成上、表記を変えたところがあります。
句読点は字数に数えます。

① 子どものことばを考える場合には、だいたい大人のことばと対立させて考えるのが普《ふ》通《つう》です。その背後にあるのは、大人のことばのほうが普通であって、子どものことばのほうは普通でないということでしょう。ちょうどそれと同じような考え方が詩のことば

についてもなされます。つまり、日常のことばというのは普通であって、詩のことばは何か特殊《とくしゅ》なことばであるというような発想です。これを次のように書き表してみましょう。

子どものことば――大人のことば
詩のことば　　――日常のことば

② 上の「子どものことば」「詩のことば」のほうが普通でないもの、それに対して下の「大人のことば」「日常のことば」のほうが普通というわけです。もう少し枠《わく》を広げてみて、たとえば、「男性のことば」「女性のことば」というのを比べてみますと、多分、普通ですと、「女性のことば」は上のほうに、「男性のことば」は下のほうに並べられるでしょう。たとえば、学問的な論文を書く場合、そこでは書いている人が、男性か、女性か問題にならないわけです。①そういった場合、どちらのことばを使うかということになりますと、「男性のことば」で書くということになります。だからある人に言わせますと、女性というのは、常に二つの言語を使っている、つまり、バイリンガルだということになるわけです。確かに、そういう発想が成り立つような面があると思います。

③ それから、「方言」というものと、「共通語」というものを比べてみますと、方言は上

にきて、共通語は下にくるということになるでしょう。

④　このように位置づけしてみますと、一般《いっぱん》的に言って、上に並んだもののほうが□で、下に並んだもののほうが普通、つまり、下に並んだもののほうが中心的で優勢なもの。それに対して上に並んだもののほうはそれに従属するものというように受け取られるのが普通です。

⑤　しかし、最近の一つの発想として、そういう考え方を逆転させるような面に注目するということがよく言われます。つまり、少し見方を変えて見てみますと、「中心」にあるということは、既《すで》にでき上がっている秩序《ちつじょ》であるわけで、それを維持《いじ》しようとするような形で、いわば保守的な傾向《けいこう》と結びつく。そして、だんだん安定してきますと、何か沈滞《ちんたい》といってよいような状況《じょうきょう》が生まれてくる。それに対して、「中心」にないもののほうには、まだ安定していない、しかし、それだけにそこにはまだ新しい何かが起こり得るのだという面があるわけです。

⑥　「中心」の部分というのは、きちんと決められていますから、決められた部分から、余りはみだしたりすることはできない。ところが、「中心」でない部分では、そういう力が及《およ》んでいないということですから、何か新しいこと、文化的に新しいことが起こる

場所である。そして、「中心」部分が沈滞してくると、新しくできたものがそこへだんだん侵入《しんにゅう》してきて、ついには、それをひっくり返してとって代わるということにもなる。しかし、それが「中心」になってまた沈滞し始めると、また「中心」でない部分に始まった新しいものが広がってきて、それにとって代わる——こういう絶えまない動きを通じて文化というものがずっと発展していく。こういう発想があるわけです。

⑦　大人のことばと子どものことばの場合も、大人のことばが「中心」で、子どものことばは「中心」ではありません。だから、普通は、私たちは、「中心」であるところの大人のことばを維持しなければならないと思っており、子どもが何か変わった言い方をしますと、それはおかしいと言って直すということをやります。

⑧　しかし、その反面、子どものことばというのは、必ずしも全部大人のことばに合わせて直されてしまうわけではありません。それは、ことばというのが、時代とともに変わるということをみればすぐわかることです。「ことばが変わる」という場合、それは、世代から世代への移り変わりで、ずれが起こっているということですし、そのずれというのは、子どものことばに始まったものが、それを直そうとする試みにもかかわらず、しきれなくて、それが大人のことばの中に入りこみ、言語を変えるのだと考えることが

できます。こんなふうに考えてきますと、「中心」でないものも、最近のことばを使いますと、文化というものを「活性化」する、つまり、それに活力を与《あた》える——そういう意味を持っているものとしてとらえなおすことができるわけです。「中心」のほうが沈滞し、前もってきめられたことが前もってきめられた形で行われているだけで、何かが起こってはいるのだけれども、実際には、⑥本当の意味での新しいことは何も起こってはいない。それに対し、本当に新しいことが起こるのは、むしろ「中心」ではない部分からではないかという発想がでてくるわけです。

（池上嘉彦《いけがみよしひこ》『ふしぎなことば　ことばのふしぎ』による）

問二　——線①「そういった場合、どちらのことばを使うかということになりますと、『男性のことば』で書くということになります」とありますが、どうしてそうなると言えるのですか。説明しなさい。

問三　□に入る二字の熟語を文中より抜《ぬ》き出しなさい。

問八　――線⑥「本当の意味での新しいこと」とはどういうことを指していますか。それを、
(1)の(2)。
のように答える場合、それぞれに入る熟語を文中より抜き出しなさい。

【出典】筑波大学附属駒場中学校（一九九八年度）

①〜⑧の段落番号は私が付けたものだ。説明文読解のレクチャーをするのに最適の教材である。

この文章を「かたまり」で読もうとする時、最初の切れ目はどこになるか。この質問をして、その切れ目にさっと線が引ける生徒はこの文章が読めている。ここにとり上げた三問は、そうした読み方ができていないと、短時間で答えを出すことは難しい。筑駒の制限時間は四十分。のんびり構えている余裕はない。

結論から言おう。この文章の「かたまり」は「話題」の変化によるものではなく、「例」とその「まとめ（筆者の意見表明）」によって形成される。対立する二種類のことば

を並べた「例」から文章は始まっている。「まとめ」に移るところはどこか。

そのサインを見逃してはいけない。それは④段落のはじめの「このように」、それに続く「一般的に言って」という二つの言葉である。「このように」は、「例」から「まとめ」に入るときに使われる。「一般的に言って」は、文字通り具体例から一般論に入ることを意味している。これが**一般化**（抽象化）である。具体例は分かりやすいが、一つのものごとについてしか語れない。一般化された「まとめ」の部分は抽象的だが、いろいろなものごとに当てはめることができる。子供はものごとを一般化して考えることに不慣れであるため、特に小学四年生の前半ぐらいまでは具体例だけが頭に残り、「まとめ」は漠然とした形でしか認識されない。しかし、**「例」と「まとめ」を読み分け**、「まとめ」の部分に注目できるようにならなければ中学受験の国語には歯が立たないのだ。

この文章は、⑦段落で再び「例」のレベルに戻り、⑧段落へと続くが、ここは気をつけて読む必要がある。⑧段落では「例」と「まとめ」が混在する形になっているからである。ちょうど真ん中あたりに、「こんなふうに考えてきますと」という、「まとめ」に入る言葉が使われている。ここで読み分けなければならない。

では、**〈「例」と「まとめ」の読み分け〉**ができたところで、「まとめ」の部分を詳しく

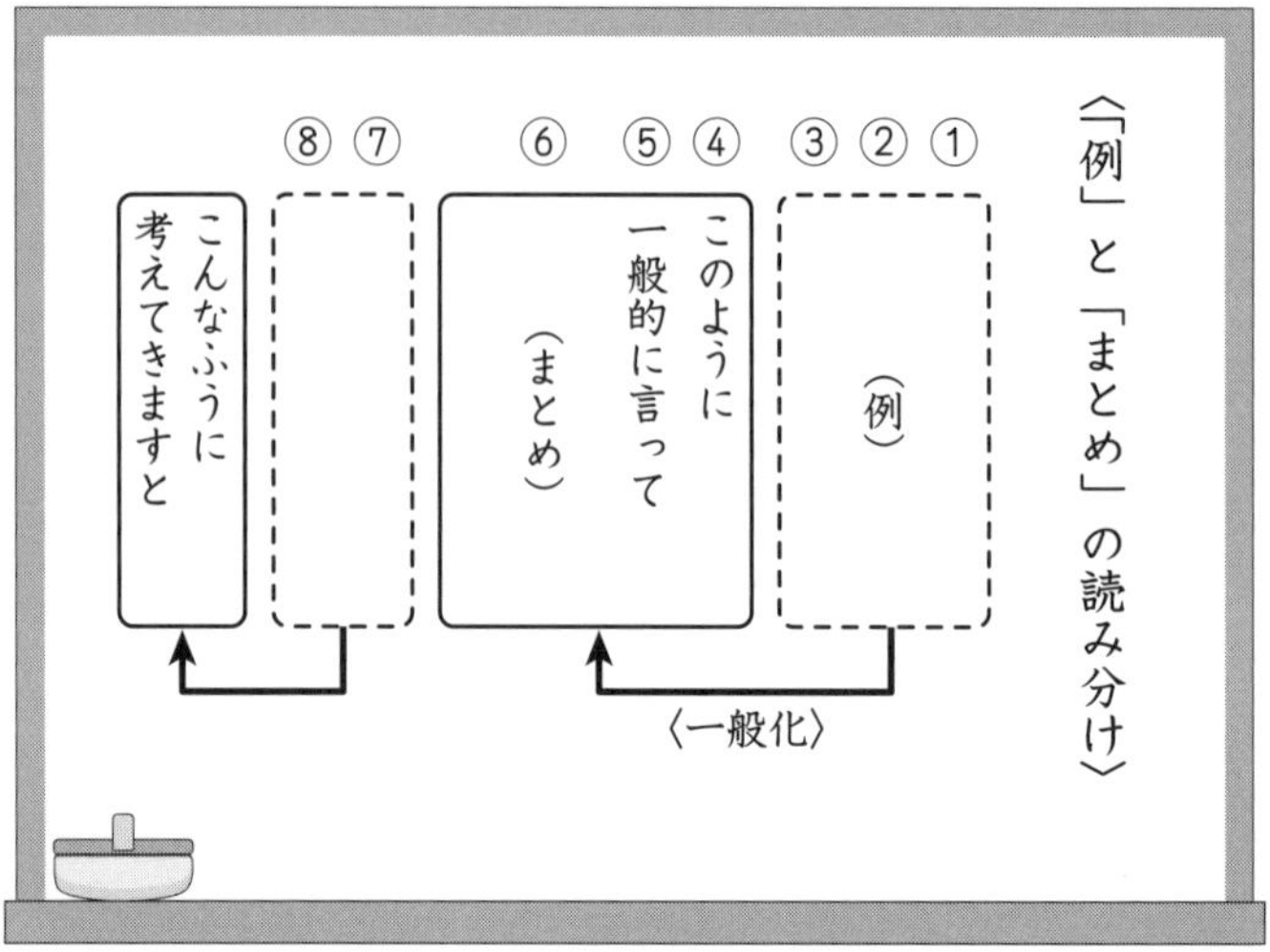

読んでいくことにしよう。

④段落の冒頭で、子どものことば・詩のことば・女性のことば・方言が「上に並んだもの」、大人のことば・日常のことば・男性のことば・共通語が「下に並んだもの」という言葉で一般化されている。この後に出てくる言葉を、きちんと「上」「下」に整理して読んでいかなければならない。④・⑤段落の言葉を拾ってみると、「上」＝「□・従属・中心にない・安定していない・新しい何かが起こり得る」、「下」＝「普通・中心的・優勢・秩序・維持・保守的・安定・沈滞」となる。問二は「下」の要素である「普通・中心的・優勢」という言葉を使って答案を書けば良

〈対立事項を整理する〉
〈言いたいことはくり返される〉

④「上」
＝□
従属

⑤中心にない
安定していない
「新しい何かが起こり得る」

⑥「何か新しいこと、文化的に新しいことが起こる」
＝
「『中心』でない部分に始まった新しいもの」
「文化というものがずっと発展していく」

⑧「文化というものを『活性化』する」
＝
「本当に新しいことが起こる」

「下」
＝
普通
中心的・優勢
秩序・維持
保守的・安定
沈滞

い。問三の□に入る言葉は、「普通」の対義語、①段落の「特殊」である。

大切なこと・言いたいことはくり返される

ここまでくると、ほぼ大勢は決するが、この文章からはもう一つ、説明文読解の重要な〈技《スキル》〉を学び取ることができる。「上」の要素の最後、⑤段落の「新しい何かが起こり得る」と同義の表現が⑥段落で三回、⑧段落で二回くり返されている。**〈大切なこと・言**

いたいことはくり返される〉のだ。そう、世の母親たちや私も含めた教師連中と同様に、書き手も自分の言いたいことは何度も言わないと気が済まないのである。これは受験生にとってありがたいことではないか。しかし、この文章で六回もくり返されている筆者の主張に気づかない生徒は多い。

問八の答えはこの〈くり返し〉の部分にある。

解答 【問二 (例)男性のことばのほうが普通であり、中心的で優勢なものだから。
問三 特殊 問八 (1)文化 (2)発展(活性化)】

この章で述べてきた説明文読解の重要ポイントをまとめておくことにしよう。

技 スキル

- ◉説明文を「話題のかたまり」で読む。
  - ○常に「話題」を意識して読む。
  - ○書き始めの話題を明確にする。
    - ○話題を示す言葉を探す。
- ◉同じ話題＝「同じ言葉」のくり返しに注意する。
- ◉新しい話題＝「新しい言葉」の登場に注意する。
- ◉「例」と「まとめ」を読み分ける。
- ◉大切なこと・言いたいことはくり返される。

六章

「人物の二面性」を読む

『よだかの星』の二面性は教えるしかない

精神的に幼い子は、中学受験に向かない。よく耳にする言葉である。間違ってはいない。「幼さからの脱却」は、たしかに中学受験生の課題の一つである。だが、生徒にそんな要求だけをしておいて、あとは黙って待つしかないのだろうか。確かに子供は日々成長する。とくに六年生後半の成長は目覚ましいものがある。だからといってただ成長を待つだけでは、「本を読め」と言ってその成果を待つのとなんら変わらないように思えるのだ。ここから先の三章は、子供が幼さ故に理解できない事柄を、教えて学ばせることで、読めるようにしていこうとするものである。

この章で取り上げるテーマは、「人物の二面性」である。

これは、中学入試の問題を例に引くまでもなく、子供たちがよく知っている童話からも学ぶことができる。芥川龍之介『蜘蛛の糸』の極悪人カンダタでさえ、蜘蛛一匹の命をあわれむ仏の心をもっていた。百パーセントの悪玉ではなかったのだ。

また、宮沢賢治『よだかの星』のよだかも、「鷹に殺されそうになっているかわいそうな主人公」という単純な存在ではない。自身も、羽虫やかぶと虫の命を奪って生きている。いわば鷹と同じ側面をもつ存在なのだ。市蔵という名に改名しなければつかみ殺すと鷹に脅されたことがきっかけで、よだかは初めて自分が生命を奪う弱肉強食の世界にいる醜い存在だと気づいた。そして、そのことに耐えられなくなったのだ。星になろうとしたのは決して鷹の「いじめ」だけが原因ではない。そもそも、鷹はよだかをいじめているだけではないようだ。よだかに改名の決断を迫ったあと、鷹がよだかにかけた最後の言葉は、悪意に満ちたものではないように思える。

「まあ、よく、あとで考えてごらん。市蔵なんてそんなにわるい名じゃないよ。」

この言葉には、むしろ鷹の優しささえ感じられる。鷹はよだかに、実は鳥の世界（厳しい現実世界）で生き抜く道を提示したとも言えるのである。悪玉と思われがちな鷹もまた、厳しさと優しさという二面性をもつ存在だったのだ。

しかし、多くの子供がよだかと鷹の二面性に気がつかない。鷹＝悪玉、よだか＝善玉という単純な理解がされてしまうのだ。鷹はともかく、よだかの二面性に気づかない読書では、国語の成績向上という成果はのぞめないのである。私が、国語力の向上のすべてを自発的な読書にゆだねるが如き意見に賛成しかねるのは、こうした理由からでもある。

なお、私が〈「人物の二面性」を読む〉授業で念を押すことが一つある。それは、人物の二面性を答える記述問題で二面性の具体的内容を説明したあと、その**答案の最後を「〜という二面性のある人物。」という形でしめくくってはいけない**ということである。「二面性のある人物」という言葉は、裏表のある人物を想起させ、設問で問われた登場人物に対して否定的な評価を下した答案になってしまうからである。では、どう答えていけばいいのか。次の例題を見てほしい。

例題①

高校一年の「ぼく」と小学校四年の弟は、父親に早く死なれ、母親が事業に失敗したので、キリスト教の教会が経営する孤児院《こじいん》で暮らしています。夏休みになったので、ふたりは久しぶりに祖母の家を訪ねました。その家に祖母は次男（ふたりの叔父《おじ》にあたる人）と住んでいます。

「おや、変な茶碗《ちゃわん》の持ち方だこと」

しばらく弟の手許《てもと》を見ていた祖母が言った。弟は茶碗を左手の親指、人さし指、中指の三本で摘《つま》むように持っていた。もっと詳《くわ》しくいうと、親指の先と中指の先で茶碗を挟《はさ》み、人さし指の先を茶碗の内側に引っかけて、内と外から茶碗を支えているわけである。

「それも孤児院流なんだ」

忙しく口を動かしている弟に代ってぼくが説明した。

「孤児院では御飯茶碗もお汁茶碗も、それからお菜を盛る皿も、とにかく食器はみんな金物なんだ。だから熱い御飯やお汁を盛ると、食器も熱くなって持てなくなる。でも、弟のようにすればなんとか持てる。つまり生活の智恵《ちえ》……」

「どうして食器は金物なの？」

「瀬戸物《せともの》はこわれるからだよ」

祖母はしばらく箸《はし》を宙に止めたまま、なにか考えていた。それから溜息《ためいき》をひとつつい
て、

「孤児院の先生方もご苦労さまだけど、子どもたちも大変だねえ」

と漬物《つけもの》の小茄子を嚙《か》んだ。

「……ごちそうさま」

弟がお櫃《ひつ》を横目で睨《にら》みながら小声で箸を置いた。

「もうおしまい？　お腹《なか》がいっぱいになったの」

弟は黙《だま》ったままである。ぼくは時間の箍《たが》が外れたので面喰《めんくら》ったが、弟は孤児院の箍《たが》を外せないで困っているようだった。ぼくは弟に手本を示すつもりで大声で、おかわりと言い、茶碗を祖母に差し出した。弟は一度置いた箸をまた取って、小声で、ぼくもと言った。孤児院の飯は盛切《もりき》りだった。弟はその流儀《りゅうぎ》が祖母のところでも行われていると考えて一膳《いちぜん》だけで箸を置いたのにちがいなかった。食事の後に西瓜《すいか》が出た。そのときも弟は孤児院流を使った。どの一切《ひときれ》が最も容積のある一切れか、一瞬《いっしゅん》のうちに見《み》較《くら》べ判断しそれを手で摑《つか》むのがあそこでの流儀なのだ。

弟の素速《すばや》い手の動きを見ていた祖母が悲しそうな声で言った。

「ばっちゃのところは薬屋さんなんだよ。腹痛《はらいた》の薬は山ほどある。だからお腹の痛くなるほどたべてごらん」

弟はその通りにした。そしてお腹が痛くなって仏間の隣りの座敷《ざしき》に横になった。祖母は弟に蚊帳《かや》をかぶせ、吊手《つりて》を四隅の鉤《かぎ》に掛《か》けていった。ぼくは蚊帳をひろげるのを手伝った。蚊帳の、ナフタリンと線香と蚊《か》やりの混ったような匂いを嗅《か》いだとき、ぼくは不意に、ああ、これは孤児院にない匂いだ、これが家庭の匂いだったのだな、と思った。

（中略・引用者）

「あの二人の母親は親父の、舅《しゅうと》の葬式《そうしき》にも顔を出さなかったような冷血じゃないか。そりゃあの二人の母親は親父や母さんに苛《いじ》められたかも知れない。でも相手がこの世から消えちまったんだ。それ以上恨《うら》んでもはじまらないだろ。線香の一本もあげにくればいいじゃないか。向うが親父を許さないのなら、そのことを今度はおれが許さない。おれはいやだよ。あの女の子どもの面倒など死んでも見ないよ」

「でもあの子たちはおまえの甥《おい》だろうが……」

箱膳《はこぜん》のひっくり返る音がした。

「そんなにいうんなら、なにもかも叩《たた》き売って借金を払い、余った金で母さんが養老院にでも入って、そこへあの二人を引き取ればいいんだ。おれはおれでひとりで勉強をやり直す」

叔父の廊下《ろうか》を蹴《け》る音が近づき、座敷の前を通ってその足音は店の二階へ消えた。叔父は赤松が目の前に見える、店の二階の一番端の部屋で寝起きしているのだろう。

いまの話を弟が聞いていなければいいな、と思いながら、弟の様子を窺《うかが》うと、彼《かれ》は大きく目を見開いて天井《てんじょう》を睨《にら》んでいた。

「……ぼくたちは孤児院に慣れてるけど、ばっちゃは養老院は初めてだよね」

弟はぼそぼそと口を動かした。

「そんなら慣れてる方が孤児院に戻ったほうがいいよ」

「そうだな」

とぼくも答えた。

「他に行くあてがないとわかれば、あそこはいいところなんだ」

蚊帳《かや》に貼《は》りついていた蛍はいつの間にか見えなくなっていた。つい今し方の叔父の荒《あら》い足音に驚いて逃げだしたのだろうとぼくは思った。

ぼくはそれから朝方まで天井を眺《なが》めて過した。これからは祖母がきっと一番辛《つら》いだろう。「じつはそろそろ帰ってもらわなくちゃ……」というういやな言葉をいつ口に出したらいいかとそればかり考えていなくてはならないからだ。店の大時計が五時を打つのをしおに起き上《あが》って、ぼくは祖母あてに書き置きを記した。ごく簡単な文面だった。

「大事なことを忘れていました。今度、ぼくら孤児院のハーモニカバンドは米軍キャンプで慰問《いもん》演奏をしなくてはならないのです。そのために急いで出発することになりました。ばっちゃ、お元気で」

書き置きを机の上にのせてから、ぼくは弟を揺《ゆ》り起した。


（井上ひさし『あくる朝の蟬』）

問８　この話では、弟はどのような子どもとしてえがかれていますか。六〇字以内で説明しなさい。

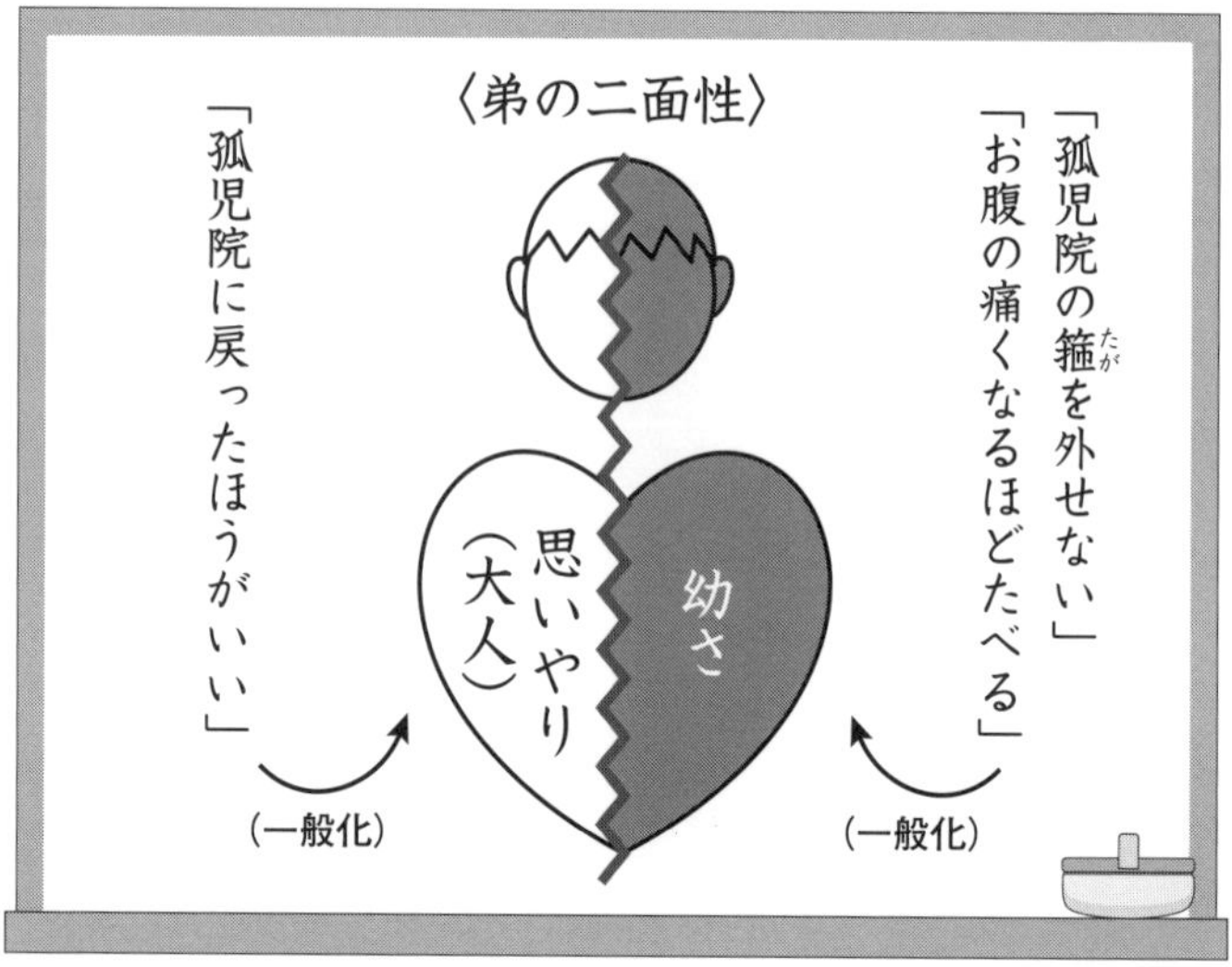

【出典】駒場東邦中学校（一九九五年度）

「～はどのような人物か」という設問を見たら、まず「二面性」で攻めてみることだ。二面性はどうすればつかめるか。当然、文中から読み取るのである。頭の中からひねり出してくることではない。ここでは、弟が登場する最初と最後の部分だけを掲載した。

前半部分から弟に関する記述を拾ってみよう。まず、食器の持ち方が「孤児院流」である。次に、おかわりをしないことに対して「孤児院の箍《たが》を外せない」と書かれている。さらに、西瓜を選ぶときも「孤児院流」だが、その後、祖母に

「お腹の痛くなるほどたべてごらん」と言われて、本当に「お腹が痛くなって」しまった。後半部分はどうだろう。叔父の話を聞いた弟は、祖母を養老院に行かせるよりは「慣れてる方が孤児院に戻ったほうがいい」と言うのである。

前半と後半から、このような「弟の二面性」を取り出せるかどうかに勝負がかかっている。前半だけの内容しかない答案が圧倒的に多い。六十字しか書けないので、具体的説明だけを書き連ねるやり方はできない。ある程度「一般化」したレベルで答案を書く必要があるだろう。

解答例

【孤児院のたがを外せず、腹をこわすほど食べてしまう幼さはあるが、祖母のために孤児院にもどろうとする思いやりのある子ども。】

例題②

次の文章を読んで、後の問いに答えなさい。一部原文を省略したところや表記を変えたところがあります。

「私（えり子）」は、「マコさん」といっしょに「ヨシエおばさん（マコさんの母親）」に会いに行った。「マコさん」が先に帰った後も二人は話し続けた。

私がちひろのことを話している間、ヨシエおばさんはやっとスフレに手をつけた。こげ茶色の山のてっぺんにスプーンをさしこむと、しゅるっと湯気があがった。

「仲をひきさかれたのが、さびしかったんじゃないの？」

「え？」

「だってあなたたち、ベルララになりたかったんでしょ。」

「ベルリラ。」

「はいはいベルリラ。お友達《だち》は指揮者になったあなたにシットしたんじゃなくて、いっしょにベルリラになれなかったさびしさを、あなたにぶつけたんじゃないかしら。」

「でも私のせいじゃない。」

「そうね。でもあまりにも手に負えないことに直面すると、誰に感情をぶつければいいかわからなくなることってない？」

「うーん。」

「あやまってぶつけた感情は、自分にはねかえってくる。何倍にもふくらんでね。」

「そうかなあ。」

「そうですとも。えり子ちゃん、その子と仲なおりしたいんでしょ。」

「うん。でも今は無理。」

ヨシエおばさんは笑った。

「きっと相手の子も同じことを思ってるわ。無理なことは長つづきしない。親友どうしのケンカも、ダイエットも、それから田舎《いなか》暮らしもね。私は三年目にギブアップ。パパさんとマコをおいて東京にもどったけど、正直せいせいしたわ。あの子はいまだに根にもってるみたいだけど……。ねえ、このスフレ、すごくおいしいわよ。食べて食べて。」

ヨシエおばさんは皿をさしだした。

「でも、」

「私はもうおなかいっぱい。おととしガンになって胃の半分をけずられちゃったから、ネズミのえさほどしか食べられないの。さあ食べて。」

ヨシエおばさんは紅茶のカップを手にとった。

（この人も、ガンなんだ）

お母さんと同じ病気の人が、こんなに近くにもいたなんて。

そのとたん、ヨシエおばさんの明るさが、ガラス細工のようにきれいで、もろいものに見えた。

私は満腹をこらえて、三皿目のデザートに挑《いど》んだ。

ヨシエおばさんが私を見つめていたから、がんばって最後まで食べた。

チョコ味のスフレは、ちょっぴりにがかった。


（中略・引用者）


あざやかなあかね色に照らされた家々がならぶ住宅街を、私は軽い足どりで進んだ。

ヨシエおばさんはマコさんモードのマコさんを、ぎゅっとしぼって煮詰めたような人だった。④ヨシエおばさんに会ってよかったと、心から思った。


（「タイドプール」長江優子）

問5　――線部④「ヨシエおばさんに会ってよかったと、心から思った」とありますが、「ヨシエおばさん」とはどのような人ですか。五十字以内で説明しなさい。

【出典】駒場東邦中学校（二〇〇八年度）

例題①から十三年後、同じ駒東の問題だ。この間にも「人物の二面性」を読む設問は何回か出されている。駒東は「二面性」と「主人公の気持ちの変化」をまとめる問題が好きらしい。

例題①と同様、文中からおばさんの人柄がうかがえる部分を拾ってみよう。まず、本文19行目から20行目にかけて、おばさんが田舎暮らしを三年目にギブアップし、「パパさんとマコをおいて東京にもどったけど、正直せいせいしたわ。」

と言っているところ。次に、24行目の「おととしガンになって胃の半分をけずられちゃったから、」というところ。最後に、29行目の「そのとたん、ヨシエおばさんの明るさが、ガラス細工のようにきれいで、もろいものに見えた。」というところである。これらを総合すると、「明るくさっぱりした性格で、自由奔放に生きる」反面、「さびしさやつらさを内にひめた」二面性のある人物ととらえることができよう。

「人物の二面性」を読む問題は、難関校では頻出だ。一九九九年度の麻布中学校では、これが七千字を超える問題文のメインテーマになったこともある。

解答例

【明るくさっぱりした性格で自由に生きているが、ガンをかかえて生きるつらさやさびしさを内にひめている人。】

七章
「人間・人生に結びつけて」読む

詩の読解のための〈技《スキル》〉

秋は、なぜもの悲しいのか。小学館『日本国語大辞典』で「秋」を調べてみると、「草木が紅葉、落葉し、冬を前に、物の哀れの身にしむ季節」とある。だが、小学生には紅葉、落葉がなぜ悲しいのかはわかるまい。小学生には、将来の落葉（死）など知る由もないのである。では、どうすればよいのか。前章で述べたように、わからないことや知らないことは、教えて覚えさせるしかないのだ。

文章を読むときに、**「人間・人生に結びつけて」考える**。これも小学生には教えなければわからないものの一つであり、「絵に描いて」考えることと併せて、中学入試国語では忘れてはならない〈技《スキル》〉なのである。この〈技《スキル》〉が発揮されるのが、「詩」の読解だ。以下の例題を見てほしい。

例題

いえ　――あたりまえ――

三越《みつこし》　左千夫《さちお》

どだいは　ねながら
しっかりと
おもたい　はしらを
ささえてる

はしらは　たって
しっかりと
おもたい　やねを
ささえてる

やねは　うえから
しっかりと
はしらや　どだいを
おさえてる

ささえて　おささえて
くみあって
いえは　ずっしり
たっている

問三　作者は「いえ」のどういうところに感動したのですか。

【出典】筑波大学附属駒場中学校（二〇〇四年度）

この問題に対しては、ほとんどの生徒が同じような答えを書く。たとえば「家は、土台や柱や屋根などが、ささえたり、おさえたり、くみあったりしてできているというところ。」というようなものだが、これは第四連の内容を「土台」「柱」「屋根」を補ってまとめただけの答えである。過去問題集の答えも同様のものが見られた。この設問は、本当にそれだけで片付く問題なのだろうか。もしそうだとすれば、首都圏最難関の学校としてはあまりに安易な作問である。

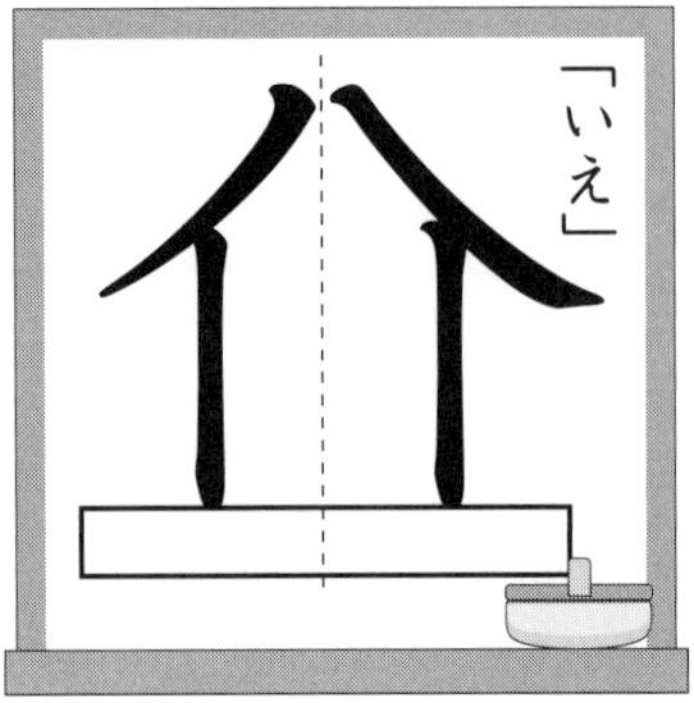

私の見解を述べよう。副題に「あたりまえ」とある。一言でいえば、筆者は「あたりまえ」のことがきちんと行われていることに感動しているのである。「あたりまえ」のこととは何か。それは、お互いが支え合っていることである。人間は一人では生きられない。家族も会社も国家も、それぞれの人間が役割を分担し、支え合って成り立つものだ。その在るべき姿、理想的な姿を「いえ」は「あたりまえ」のように実現しているのである。こじつけかもしれないが、私は二つの「にんべん

(イ)」が向かい合って「いえ」ができていると生徒には説明している。筆者が家という建築物だけに感動しているとは思えないのだ。筑駒の作問者は、「いえ」を人間社会の在るべき姿ととらえる洞察力を、この設問で試しているのである。

解答例

【役割の異なるものがたがいに支え合い、組み合ってできている「いえ」が、家族や人間社会のあるべきすがたを感じさせるところ。】

「詩の理解」に関する次の〈技《スキル》〉でしめくくることにする。三章の**「絵に描いて」考える**とあわせて、この章で説明した〈技《スキル》〉を身につけると、詩の攻略は難しいものではない。

技　スキル

◉詩の理解
- **「絵に描いて」考える。**
- **「人間・人生に結びつけて」考える。**

八章

「過去の回想パターン」を読む

第一部の最後にもう一つ、子供たちが「学んで覚える」必要のあることがらを取り上げておこう。それは、筆者が過去の経験をふり返って書いた文章、とくに亡くなった親を懐かしんで書いた文章の読み方である。この種の文章は、まず過去の出来事や思い出を語り、その後に現在の筆者の心情を述べるという構成で書かれることが多い。このような構成を、私は**「過去の回想パターン」**と呼んでいる。

子供たちはこのパターンで書かれた文章に出会うと、回想部分だけを理解して、現在の筆者の心情を読み落とすことが多い。その結果、筆者の心情を問う大切な設問で失点してしまうのだ。肉親を亡くすといった経験をもたなければ、小学生にとっては致し方ないことだと言わざるを得ない。

十数年前、このことに気づいた私は、「過去の回想パターン」をテーマに掲げた授業を行うことにした。私が授業で教えることの一つ目は、回想部分と現在の筆者の心情を述べた部分の違いに注意をはらって読み、**多くは語られない現在の筆者の心情部分を読み落とさないこと。**二つ目は、**現在の筆者の心情とは、たいてい「ありがたさ、なつかしさ、こいしさ、切なさ」といった感情で、回想部分ではこれらと反する感情が述べられていることが多い、**ということである。

　では、以上のことを確認するために、「過去の回想パターン」の典型ともいえる向田邦子の文章を読んでいただくことにしよう。

例文

わが家の遠足のお弁当は、海苔巻《のりまき》であった。

　遠足の朝、お天気を気にしながら起きると、茶の間ではお弁当作りが始まっている。一《ひと》抱《かか》えもある大きな瀬戸《せと》の火鉢《ひばち》で、祖母が海苔をあぶっている。黒光りのする海苔を二枚重ねて丹念に火取っているそばで、母は巻き簾《す》を広げ、前の晩のうちに煮ておいた干ぴょうを入れて太目の海苔巻を巻く。遠足にゆく子供は一人でも、海苔巻は七人家族の分を作るのでひと仕事なのである。

五、六本出来上ると、濡《ぬ》れ布巾《ぶきん》でしめらせた庖丁で切るのだが、そうなると私は朝食などそっちのけで落ちつかない。海苔巻の両端《りょうたん》の、切れっ端《ぱし》が食べたいのである。

海苔巻の端《はし》っこは、ご飯の割に干ぴょうと海苔の量が多くておいしい。ところが、これは父も大好物で、母は少しまとまると小皿に入れて朝刊をひろげている父の前に置く。父は待ちかまえていたように新聞のかげから手を伸ばして食べながら、

「生水を飲まないように」

「知らない木の枝にさわるとカブレるから気をつけなさい」

と教訓を垂れるのだが、こっちはそれどころではない。端っこが父の方にまわらぬうちにと切っている母の手許《てもと》に手を出して、

「あぶないでしょ。手を切ったらどうするの」

とよく叱《しか》られた。

結局、端っこは二切れか三切れしか貰《もら》えないのだが、私は大人は何と理不尽《りふじん》なものかと思った。父は何でも真中の好きな人で、かまぼこでも羊羹《ようかん》でも端は母や祖母が食べるのが当り前になっていた。それが、海苔巻に限って端っこがいいというのである。

竹の皮に海苔巻を包む母の手許を見ながら、早く大きくなってお嫁にゆき、自分で海苔巻を作って、端っこを思い切り食べたいものだと思っていた。戦争激化と空襲で中断した時期もあったが、それでも小学校・女学校を通じて、遠足は十回や十五回は行っている。だが、どこへ行ってどんなことがあったか、三十数年の記憶の彼方《かなた》に霞《かす》んではっきりしない。目に浮かぶのは遠足の朝の、海苔巻作りの光景である。

ひと頃、ドラキュラの貯金箱が流行《はや》ったことがある。お金をのせると、ジイッと思わせぶりな音がして不意に小さな青い手が伸びて、陰険《いんけん》というか無慈悲《むじひ》というか、嫌な手つきでお金を引っさらって引っこむ。何かに似ているなと思ったら、遠足の朝、新聞のかげから手を伸ばして海苔巻の端っこを食べる父の手を連想したのだった。

我ながらおかしくて笑ったが、不意に胸の奥が白湯《さゆ》でも飲んだように温かくなった。親子というのは不思議なものだ。こんな他愛ない小さな恨《うら》みも懐《なつか》しさにつながるのである。

（向田邦子《むこうだくにこ》『海苔巻の端っこ』）

五章で述べた〈文章を「かたまり」で読む〉という考え方でこの例文をとらえると、お

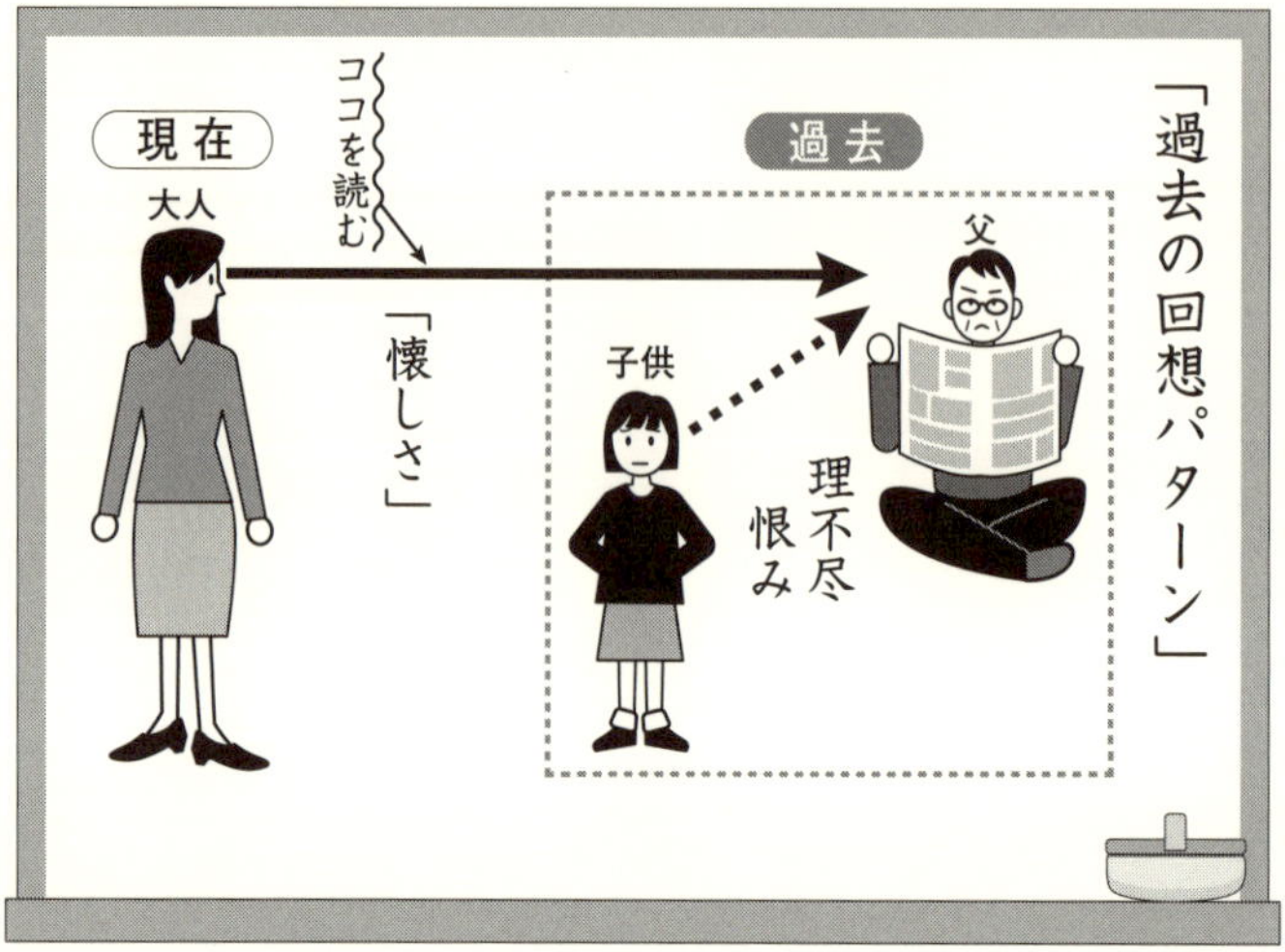

わりから二段落目「ひと頃、ドラキュラの」というところを境にして、二つの「かたまり」が見えてくる。前半が「遠足の朝」の回想部分、後半が現在の筆者の心情を述べた部分である。つまり、この文章は「過去」と「現在」という二つの「かたまり」で読むことができるのである。

この文章を五年生になったばかりの生徒に読ませて、「最終段落にある『胸の奥が白湯でも飲んだように温かくなった』とはどんな感情か、文中の三字で答えなさい」という問題をだすと、「不思議」や、「恨み」をひらがなにして「うらみ」と答える生徒がいるのだ。答えは当然、(文中の送りがな表記が通常の基準とは異なるが)「懐しさ」である。

私は、この文章の解説を板書解説にあるような図で説明する。まず、文章を二つの「かたまり」でとらえることから始めて、図の破線の矢印と実線の矢印をかく。次に、二つの矢印がどんな気持ちを表しているか、文中の言葉を探させる。さらに、親を亡くした後の気持ちがどのようなものであるのか、私の経験もふまえて説明し、それを想像させるのである。一回だけの授業では子供たちはすぐに忘れてしまうので、三回くらい連続して類題演習をする必要がある。

次の例題は、仕上げの段階で用いる問題である。文中の░は、解説の都合上私が付けたものである。

例題

父は体が弱かった。八、九年も、同じ印刷所の校正係をつとめていた。その間に、他の仲間たちはどんどんよい位置を占《し》め、社も発展していった。しかし父はいつもガラス戸のはまった寒い、暑い校正室の中で、赤い筆を持っていた。

――私はよくそこへ、夜業のある時などにお弁当を届けに行った。蚊《か》をつぶした新聞紙のようになった、校正刷りがたくさんあって、印刷所特有の、鉛《なまり》や、紙や、インキの湿《しめ》ったにおいが、薄《うす》暗くなった狭《せま》い室《へや》の内にただよっていた。

明かり取りのすりガラスが鉛色に明るく、夕暮れのもつ蒼《あお》さに透《す》いて、やせた父の頭の上に四角くあった。

「とうさん、ほんの一寸《ちよつと》しか箸《はし》をつけなかったんだが、お前たべないか。」

ある時（あるいは二、三度ばかり）父はそう言って、昼に弁当屋からとった弁当の残りを差し出したことがあった。平生《へいぜい》私は、父をけちんぼだと思っていた。父がけちんぼなのを考えると悲しくなることもあった。薄暗くなった室の内で父の視線と私の顔があった時、私はそれをよけて不機嫌《ふきげん》に言った。

「たべない。」

私は憂鬱《ゆううつ》になった。どうしてこんなことをする父であろう。残ったものなんか、さっさとやってしまえばよいのに。私は横町の家へ帰ってからも、つまらなかった。

（中略・引用者）

父は小心な、曲がったことのできない（しかし道で拾ったぽっちりの金ならば、そっとしまっておくような）ほんとうの小人《しょうじん》であった。不孝者の私は父を吝嗇《りんしょく》な人と思っていた。しかし、父はそれより仕方なかったのだ。父は咳《せき》が出た。それには長い間薬がいった。それに、私たちのような暮らしをしている者には、明日の保証が一寸もないのだ。ことに父のような病弱な人にはその感じが強かったであろう。

「もし明日にでもどうかしたら……。」

何事に対してもまず父の頭へはそうした言葉がひらめいたであろう。父は少しずつ、少しずつ、恥《は》ずかしいほど少しずつ貯蓄《ちょちく》をした。

頬《ほお》のこけた、ひげをはやした顔、そうして自分で染め直した外套《がいとう》を着て、そろそろ、そろそろ、下駄《げた》を引きずるようにして歩いてくる父の影《かげ》が、私の心へよみがえる。それは、もうかなり病が重くなってからの姿だ。父はいよいよ動けないという日まで勤めた。

虎《とら》ちゃんという、いつも頓狂《とんきょう》なことを言って笑わせる私の友だちの八百屋の子は、私たちの仲間の前で突然《とつぜん》こんなことを言ったことがある。

「たっちゃんとこのお父《とっ》つぁん、偉《えら》いんだってさあ！」

「なぜ？」

仲間たちの顔と顔を見比べる虎ちゃんの悪戯《いたずら》な顔を、私は薄気味悪く、そして間が悪《わ》るげに見つめる。

「だってひげをはやしているんだもん！」

そう言って虎ちゃんは、げらげらと高笑いをする。

「ちぇっ！　ひげをはやしているもんはどうして偉いの、ええ虎ちゃん。」

私は激しい恥辱《ちじょく》を感じて突《つ》っかかっていく。すると他の仲間が、とぼけたことを言う。

「あたいひげをはやした電車の運転手を見たことがあるよ。」

そう言う私たちの、子供らしい皮肉のまじった会話は、私の父が大儀《たいぎ》そうに社から帰ってきて、私たちや仲間のそばを通っていった跡《あと》の、夕暮れの中で交《か》わされたような気がする……。
[2]しかし、あまり父のことを語りすぎた。
その明治何年かの四月一日の夜、私たち一家は御膳《おぜん》をとり囲んでいた。話題は私の初登校のことであったろう。父は時々酒を飲んだ。その夜も一本の酒が父を上機嫌にしていた。「御屋敷《おやしき》の御婆《おばあ》さん」と母たちに呼ばれている、昔御殿女中《ごてんじょちゅう》をしていた養母に育てられた父は、酔《よ》うとよけいに切口上《きりこうじょう》になった。私は私が一家の内で大変幸福者であること

や、したがって一生懸命《けんめい》に勉強しなければならないこと、皆の恩を忘れてはいけないことなどを、説き聞かされて涙《なみだ》ぐみながら御飯をたべた。私たちの前にはひっそりしたおかずがある。こうした父の説教は一度や二度のことではなかった。私はそれが大嫌《きら》いであった。自分だけがうんと重荷《おもに》を負わせられているような気がしてたまらなく憂鬱になる。泣き虫の私の眼からあふれる涙は貧乏《びんぼう》に生まれついたのを怨《うら》めしく思う涙で、決して病気と戦い、生活と戦う父や、一年中手の平のざらざらしている母や、小さな時から工場や会社へ勤めつづけてきた兄たちへの、感謝の涙ではなかったのだ。

母は、一同の食事の終わるころに、私が明日から学校へ着て行く普段着《ふだんぎ》が、あまりに汚《よご》れていることを思い出した。そして、次兄の古いかすりがあるが、あれではあまりひどいと思うとつけ加えた。母はそれを縫い直してくれようかと言うのだ。父はその紺がすりを見た。それは大分色が落ちていた。父はそれを染めてやるという。母は危《あや》ぶんだ。紺がすりを丸染めにしては、変なものになってしまうからだ。しかし父は受け合った。

「子供の着るものなんか、さっぱりしていさいすればなんでもいいんだ。あした少し早く帰ってきて俺《おれ》が釜《かま》で染めてやる。」

父には、自分のやけた外套を染め直した経験があった。

狭い台所は、釜から登る湯気で白かった。たすきをかけた父が、湯気の中で動いている。引き窓を見上げると星がもう光っている。

釜の下では薪《まき》がぼうぼう燃えている。釜の中には黒い布と黒い湯とがにえたぎっている。父の手首も黒い。そうして、髭が、湯気であろうか水鼻汁《みずばな》であろうか、ぬれて光っている。（父は一生懸命になると、よく鼻汁《じる》が髭を伝った。自分の眼鏡《めがね》の蝶《ちょう》つがいを外して、細工をした時などの様子が眼についている）

さて、翌日のことだ。綺麗《きれい》好きの母が、あれほどよく洗った釜で炊《た》いた、その御飯はうす黒かった。うす黒い御飯[3]から、もうもうと湯気が上がった。

「赤の御飯のかわりだね。」

だれかがそんなことを言う。染められた紺がすりは、まだ乾《かわ》ききらずに竿《さお》にかかっていた。

幾日《いくにち》かの後、私はその染め直した妙《みょう》な紺がすりを着て、一年生の仲間に入っていたことであろう。

私も、「前途《ぜんと》有望な少年」であったのだ！

（永井龍男「黒い御飯」による）

問三　――2「しかし、あまり父のことを語りすぎた」とありますが、どのような気持ちから「語りすぎた」のでしょうか。その説明としてふさわしいものを次の中から一つ選び、その記号を答えなさい。

ア　強くひたむきに生きた父を尊敬する気持ち。
イ　自分のみじめな境遇《きょうぐう》に対するうらめしい思い。
ウ　嫌な思い出が次々によみがえる不快な気持ち。
エ　苦労した父の本当の姿に対する切々とした思い。
オ　父がけちであわれであることに反発する気持ち。

問四　――3「うす黒い御飯」を、今の「私」はどのような思い出として感じていますか。「黒い御飯」が題名になっていることもあわせて考え、四〇字以内で説明しなさい。

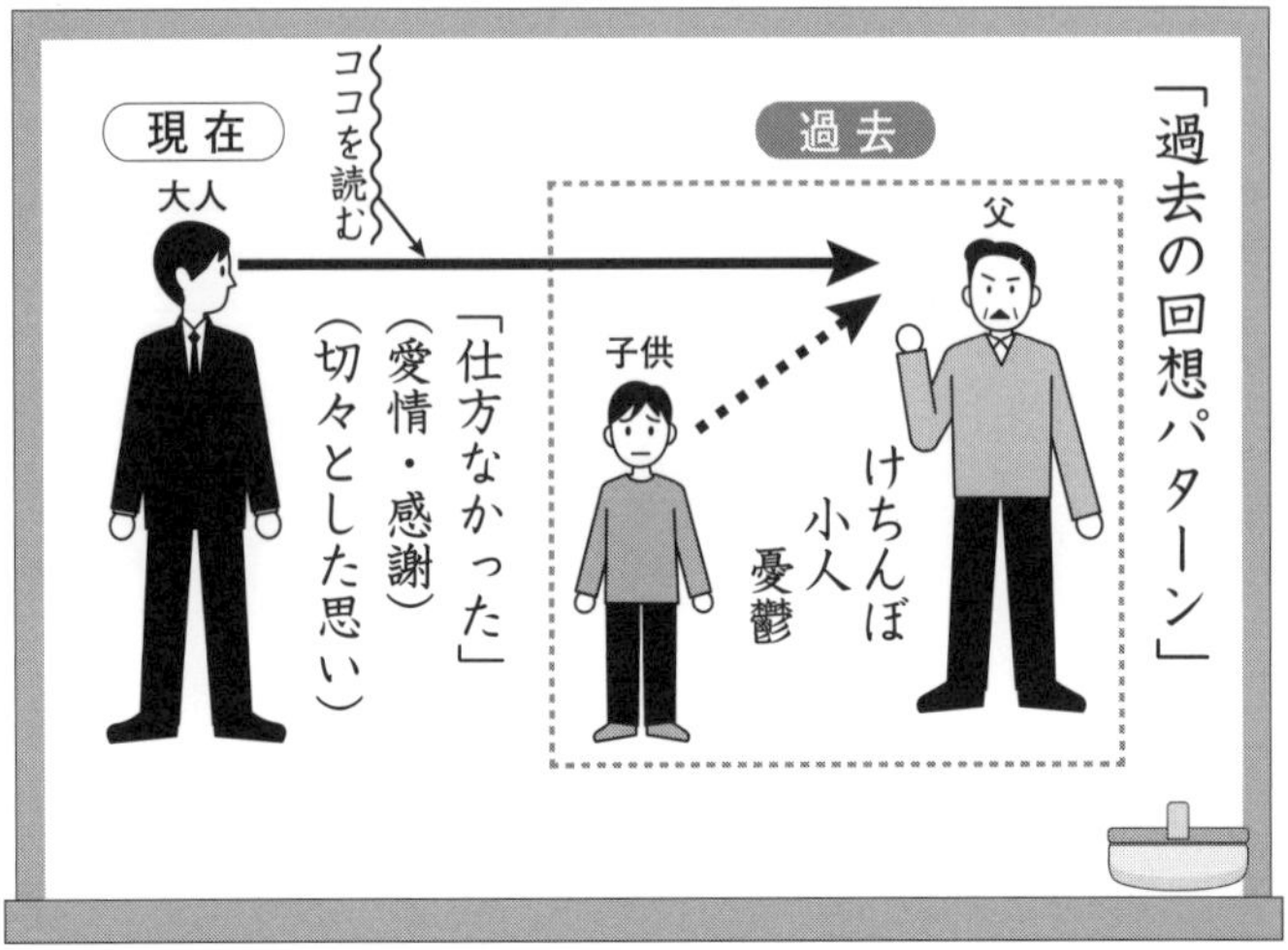

【出典】開成中学校（二〇〇六年度）

例題はやや長い引用になったが、回想部分の記述がいかに多く、現在の筆者の心情を述べた部分がいかに少ないかということを実感していただきたかったからだ。筆者が、子供の頃父親に抱いていた感情を表す言葉（　の部分）はたくさんある。だが、現在の筆者の心情を読みとる手がかりは（中略）の後の三文目、「父はそれより仕方なかったのだ」ぐらいしかない。通常の読書レベルなら、この文章を暗い少年時代の思い出と読むのは自由である。しかし、これは中学入試の問題、そうはいかないだろう。

父を亡くした経験のある者ならわかるだろう。亡き父を非難する目的で文章を書く者などいはしないのだ。だが、相手は小学六年生である。開成の国語は八十五点満点だが、この年の合格者の平均点が四十四・一点、受験者の平均点が三十八・〇点という結果は当然だろう。

問三、問四は、現在の筆者の心情を問う問題なので、「過去の回想パターン」で読めなければ両方とも落とすことになる。問三は「ア」と「エ」が現在の筆者の視点に立った選択肢、残りは子供時代の視点である。「ア」の「尊敬する気持ち」と、「エ」の「切々とした思い」を比較検討しなければならないが、「切々とした」という言葉の意味がわからなければ「ア」を選んでしまうことになるかもしれない。

問四はまさしく「今の『私』は」どう感じているかという、現在の筆者の心情を問う問題である。開成中学校が出している模範解答は、「貧しいながらも幼い自分を温かく慈しんでくれた家族の愛の象徴。」というものである。ちなみに、「慈」「徴」は小学生の学習漢字ではない。模範解答は、こうした点にも配慮してほしいものである。

解答

【問三　エ　問四　（例）貧しいなかで精いっぱい自分を育ててくれた親の愛情がしみじみ感じられる思い出。】

●「親」を理解するのは難しい

「過去の回想パターン」を読む授業の最後に、必ず私が付け足すことがある。それは、「親」という存在に対する子供たちの認識を改めさせることである。子供たちに「自分の親をどう思うか」という質問をすると、マイナス評価をした答えが圧倒的に多い。客観的に自分の親を見ることができないのである。その結果、文章中に描かれた親をも、自分の親に抱いている感情によって理解してしまうことになるのだ。

お前のお母さんの頰の赤さは
そっくり
奈々子の頰にいってしまって
ひところのお母さんの
つややかな頰は少し青ざめた
お父さんにも　ちょっと
酸っぱい思いがふえた。

吉野弘『奈々子に』という詩の一節だが、この詩の意味が「さっぱりわからない」という子供がいる。算数ばかり勉強したがる子供にその傾向が強い。この詩が理解できた子供でも、ふだんは**自分の親が自分のために苦労し、心配もし、愛情を抱いて自分のそばにいる**のだというふうには思っていないかもしれない。本当にそう思うためには年月を必要とする。そこで、待ってはくれない中学受験のために、「親」の理解の仕方すらも「教えて、覚えさせる」必要がでてくるのである。

八章のまとめとして、「過去の回想パターン」と「親」の理解に関するポイントを挙げておこう。

技 スキル

◉「過去の回想パターン」＝現在の筆者の心情（ありがたさ・なつかしさ・こいしさ・切なさなど）を読む。

◉「親」とは、「愛情・苦労」を持つ存在だと「覚えさせる」

第二部

「書く」ための〈技《スキル》〉

一章

「伝わらない言葉」「成り立たない会話」

●「単語だけ」の会話では記述問題が解けない

ある女子大生が、留学先のドイツでホームステイをしていた。ある日、のどが渇いた彼女は台所に行って、ドイツ人の主婦に「ミルヒ（牛乳）！」と告げた。振り向いてはくれたものの、何の反応も示さない主婦に向かって、彼女はさらに大きな声で「ミルヒ！」とさけんだ。すると主婦は、彼女に「牛乳はわかったけど、あなたはいったい何を望んでいるの？」と聞き返したというのである。

この実話は、聖光学院中学校二〇〇七年度入試で出題された『外国語を身につけるための日本語レッスン』（三森《さんもり》ゆりか・白水社刊）という文章のなかで紹介されていたものである。

「ミルヒ！」と同じような言葉は、私の授業の場でも生徒の口からよく発せられる。夏のある日の授業で、S君という男子生徒が「先生、暑い」と言い出した。私は「おお、そうだな。俺も暑いよ」と言って、平然と授業を続けた。しばらくすると、S君が「先生、やっぱり暑い、もう我慢できない」と言うので、私は「だから、俺も暑いと言ってるだろ」と、語気を強めて言い返した。一瞬ハッとしたS君が「先生、暑いから窓を開けてくれませんか」と言い直してきたので、私はニヤニヤしながら窓を開けた。S君は、以前私から聞かされていた「お母さんたちには、子供が『お母さん、水』と言ってきたら水でもかけておやりなさいと言ってあるから、君たちも気をつけろよ」という言葉を思い出したのである。

三森さんも先の文章の中で、「単語だけで相手に理解してもらえる、というような言語感覚が通用するのは家庭の中や親しい仲間内だけです。日本国内でも、一歩身内の輪の中から出たら通用しません」と述べておられる。全く同感である。入試における記述問題とは、まさしく「身内の輪の中から出た」、何か書けば「相手に理解してもらえる、というような言語感覚」が通用しない場なのだ。

もう一つ、子供の言語感覚で気になることがある。それは、子供が平気で「成り立たない会話」を行うことである。実例を一つ挙げよう。他塾から転塾してきて、私の授業を受けはじめて間もない生徒と私との会話である。

私　「どうだい、新しい塾の居心地は？　慣れたか？」
生徒　「ん？　K君も行ってる」
私　「そんなことは聞いてないだろう」

ここで沈黙が起きてしまう。まったく話がかみ合わず、会話が成り立たないのである。

私が、「先生、暑い」という「伝わらない言葉」で話す子供や、「成り立たない会話」を何の疑問も抱かずに行う子供の例を挙げてきたのは、こうした子供たちが、記述答案を書く段階でさまざまな問題をかかえることになるからである。具体的には、

①主語を明確にしないまま文章を書く。
②「日本は平和。」のような完結しない文を書く。
③設問が要求する答え方、すなわち文章の形（これを私は小学生向けに〈答案のわく組み〉と呼んでいる）を考えない、あるいは作れない。

といったことが挙げられる。

中学入試レベル（小学生段階）では、人の話をきちんと「聞く」ことが、与えられた文章をきちんと「読む」ことにつながるし、相手に伝わるように「話す」ことは、わかりやすい文章を「書く」ことにつながるのである。大学入試の小論文で高得点が取れるような文章力が中学入試で要求されているわけではない。答えの急所をついたわかりやすい文章が書ければ、それで十分なのだ。したがって、日常会話の中で「伝わらない言葉」「成り立たない会話」を排除し、子供の言語活動をただすという親の役割は非常に大きいのである。

技 スキル

○「単語だけ」の会話をしない。

○日頃から、相手の質問に対する答え方を考えて話す訓練をする。

二章

生徒の答案から学ぶ「書く」ための三つのポイント

文章の癖をどう直すか

第二部の本題に入る前に、答案、すなわち文章そのものの書き方についてふれておこう。せっかく答えのポイントがつかめても、わかりやすい文章で表現できなければ大きな減点につながるし、採点者に文意不明と判断されれば全く得点できないことさえあるのだ。

だが、文章の癖というのは、そう簡単に直せるものではない。私にも経験があるが、誰かに指摘されなければ自分の文章の欠点には気づかない。指摘を受けても、文章を書くという行為は考えるということと直結しているため、考え方を改めなければ文章も変えられない。しかも、人間は切実にその必要性に迫られなければ、容易に自分のスタイルを変えようとはしないものなのである。

子供も同様である。私が生徒に要求することは決して高い技術を要するものではないが、一度や二度言われただけで直せる生徒はまずいない。授業が終わったとたん、簡単に忘れてしまうのだ。短くても半年はかかる。直そうという自覚がなければ一年たっても直らない。

文章の書き方について、私が生徒に与える注意の中で最も多いのが**〈長い一文を書くな〉**ということである。一文をダラダラと書き続ける癖のある生徒には、**〈常に主語を意識して書け〉〈同じことをくり返し書くな〉**という注意をあわせて与えなければならない。長い一文を書く生徒は、必ずといっていいほど、文章を書いていく途中で頭の中が混乱し、自分が何を書いているのか冷静に判断できなくなる。その結果、主語・述語関係が成り立たず、同じ内容がくり返し登場する、ひどい答案ができあがってしまうのだ。

このようなタイプの生徒が答案を書いている様子を観察すると、次のようなパターンが多いことに気づく。

①思いついた語句、または部分をまず書く。

②そこでひとまず読点を打って、先を考える。
③新たに思いついたことを書き足して、再び②の状態に入る。
④後が続かなくなった時は、消して一から出直す。
⑤解答欄が埋まった段階で作業完了。埋めることを目標に頑張ってきたため、達成感から読み直すことを忘れる。

こういうやり方で答案を書く生徒の文章はたいてい一文が長くて、一度読んだだけでは何が言いたいのかよくわからない。

書く前に口に出してみる

対処の仕方を一つ紹介しておこう。私は、生徒に自分が書いた文章を客観的に認識させるため、まず「声に出して読んでみろ」と言う。すると、たいていの生徒は、「アレ、なんかヘン」と言って途中で読むのをやめてしまうのである。

「この一文、口で言えるか？」

「いや、言えませんね」

「どこがヘンなのか考えて、文を分けてもいいから、書く前にまず口で言い直してみろ」

生徒は「ウーン」とうなって、しばし熟考する。この段階で初めて、生徒は「正しい文」を作るための頭を働かせているのである。日本語を母国語として育った子供なら、おかしな言い回しで話すことには何らかの抵抗を感じるものだ。何とか言い終えたら、

「そう、それでいい。今言ったことをそのまま書けば立派な答案になる」

と言って書かせてみる。これが私の、一つのやり方である。ただし、たった今自分の言ったことを正確に覚えていない子もいる。怒ってはいけない。我慢である。笑顔で怒りの眼《まなこ》を隠しながら、もう一度言わせる。三度やってもダメなら、今の段階ではこれが我が子の限界だと諦め、忘れた部分を言い添えて完成させるしかあるまい。

テストの時にはボソボソと呟《つぶや》くわけにはいかないので、次は**〈頭の中で一文（句点がつくところまで）を作ってから書け〉**というアドバイスをすることになる。これが生徒にはなかなか難しいらしい。とりあえず何かを書いていたほうが安心できるのだろう。子供は「書く」という行動が、即、思考していることだと勘違いするのである。

いい答案を書ける子は、設問を読んだ後すぐに書こうとはしない。難しい設問であればあるほど、ひたすら考え続けるのだ。そして、これ以上考えている時間はないと判断する

や、一気に書き終えてしまうのである。

●「書きまくる」指導の危険性

ある時、六年生のT君という口数の少ない生徒と、こんな会話をしたことがある。記述問題の解説を終えて、書き直しを命じた直後のことである。T君はさっそく書き始めたが、すぐに手が止まってしまった。

「頭の中で一文が作れたのか?」

「いいえ」

「じゃ、なぜ書き始めたんだ?」

「五年の時、塾の先生に『まず手を動かせ』と言われて、癖になって直らない」

私はこの子のあまりに率直な言葉に笑いを抑えながらも、沈黙せざるを得なかった。かつて、同じような言葉を生徒から何度も聞かされていたからである。「書きながら考えろ」「思いついたことは何でも書け」「たくさん書けば当たる確率が高くなる」「書いて書いて書きまくれ」という教師や親の言葉である。六年生の二学期に入って急に冗長な答案を書くようになった生徒がいたが、やはり大手塾の夏期講習で同様のアドバイスを受けたことが原因であった。私がはじめて接する生徒の多くが、長い一文を書く癖があり、〈重複表現が多い〉〈一文に二つ以上の内容を詰め込んで失敗する〉という問題をかかえているのは、こんなところにも原因があるのではないかと思っている。

こうした指導は、まず何かを書かせようとする初期段階や、あるいは、時間との勝負を迫られる入試本番に生徒を送り出す段階では有効なものかもしれない。だが、こうした指導を行う塾で、「書きまくった」後にさらなる指導がなされているとは言い難い。数千枚の答案を短期間のうちに採点しなければならないという大手塾の事情もわからないわけではないが、生徒が「書きまくった」答案は、機械的な採点基準をもとに点がつけられ、そのまま放置されているのが現状だと言わざるを得ないのである。

次に、生徒が実際に書いた答案を見ながら、ここまでの話を再度確認していただこう。最初に紹介するのは、「合唱コンクールの練習で毎晩夜道を帰る少女を気づかって、通り道にあるくだもの屋が店のあかりをつけておいた」という物語（杉みき子『夜のくだもの屋』）をまとめる問題に対する答案である。

【出典】学習院女子中等科（一九九七年度）

ある店の人が、自分のことを心配して、心ぼそさをなくそうとして、わざわざ灯をともしていて、しかもその店のおばさんが、自分が帰るときに口ずさんでいた、コンクールの課題曲を覚えていてくれたという話。

五年生男子。トップレベルの国語力を有する生徒だが、長い一文を書く癖があり、そのため重複表現が多い。この答案は接続助詞「て」を用いて強引に文を続ける典型的なパターンである。次のように二文に分ければ問題はなくなる。

添削例

【ある店の人が、自分のことを心配して、心ぼそさをなくそうと、わざわざ灯をともしていた。（以下はそのまま）】

次も同じく『夜のくだもの屋』で、店のあかりをはじめて見た後の少女の気持ちの変化を説明する問題の答案である。

【出典】学習院女子中等科（一九九七年度）

あかりがついていることを不思議に思い、店を見てりっぱだと思い、店いっぱいにあふれるオレンジいろの光を見、安心し、あたたかく思い、心がおちついた。

五年生男子。たまに国語の偏差値七〇以上を取ることもある生徒。「思い」「見」「安心し」など、連用形中止法（連用形の後に読点を打って文を切る方法）のオンパレードで文を書き続けるパターンだが、ここまで徹底したものは珍しい。すべての要素を残そうとすると、逆接の接続助詞「が」を用いたとしても一文で書くのは難しい。「そして」を使って二文に分けることが重要だ。また、連用形中止法は連続すると不自然になることがあるので、「～なり、～なって」のように、片方に「て」を付けることを覚えてほしい。

添削例

【あかりがついていることを不思議に思ってその店を見ると、りっぱな店だっ

た。そして、店いっぱいにあふれるオレンジいろの光を見て安心し、あたたかさを感じて心がおちついた。】

次は、少し難しい問題に対する答案を紹介する。「戦後の食糧難で、サツマイモの粉で作ったカンコロ餅しか食べられず、やせ細って『カンコロ腹』になっている筆者が、運動会で次々に賞品をとってくる。そんな娘の元気な姿が父の涙をさそう」という文章（工藤直子『象のブランコ』）を読んで、「父のつらさを消すのに、わたしの『カンコロ腹』は、すこしは役に立っただろうか」という表現をわかりやすく説明する問題である。

【出典】桐朋中学校（二〇〇三年度）

目安はついたはずだったが暮らしのめどはなかなか立たなく、いまだにカンコロ餅の食事という責任感を感じている父のつらさを、カンコロ餅しか食べていなく、やせている「わたし」が、がんばって一位になったりする姿を見て、父が元気づけられていること。

六年生女子。これだけ解答の要素をそろえられる生徒はあまりいない。だが、残念なことに「〜父のつらさを、〜する姿が和らげる。」という構文が作れなかった。この形で書くと必然的に長い一文を書かざるを得なくなるのだが、しっかりした構文を作ることができれば、長い一文でも乱れることはない。添削例は二文に分けたものを紹介しておく。

また、「立たなく、」「食べていなく、」という表現も不自然だが、この言い回しで文を書く生徒は、トップレベルの生徒も含めて実は非常に多いのである。「ない」には形容詞と助動詞があるが、助動詞の「ない」を「なく」と活用させて読点を打つと不自然な言い回しになる。文法的説明をすると長くなるので省略するが、小学生には「動詞の後に付けた『ない』に読点を打って、『〜なく、』とやってはいけない。『〜ず』または『〜なくて』と書くように」と教えればよいだろう。

添削例

【目安はついたはずだったが暮らしのめどはなかなか立たず、いまだにカンコロ餅の食事しかさせられないということへの責任感を父は感じていた。そんな父が、カンコロ餅しか食べていなくてやせている「わたし」が、がんばって一

位になったりする姿を見て、元気づけられているということ。】

以上のような指導の結果、はじめはひどくても「書く」力が確実に上がっていった例を示すことにしよう。

１２８ページで取り上げた、『夜のくだもの屋』をまとめた答案である。

> 商店がとっくに店をしめている時間にまだ果物屋が店をあけている理由は、合唱コンクールの練習でおそくなる自分のために果物屋のおやじさんが自分の歌をたよりに店をあけておいてくれた元気の出る話。

五年生女子。この時点ではひどい答案だ。同じ内容をくり返し書く癖や、長さを必要とする複雑な構文で書こうとする癖がある。この答案では、「～理由は」という主語に対する述語がなく、文がねじれている。「果物屋が店をあけている」「果物屋のおやじさんが……店をあけておいてくれた」という二つの内容も重複している。重複部分を取り除いた以下の一文で十分である。

添削例

【商店がとっくに店をしめている時間にまだ果物屋が店をあけている理由は、合唱コンクールの練習でおそくなる自分を安心させるためだったという元気の出る話。】

学校では作文をほめられることが多いせいなのか、模試で悪い癖丸出しの答案を書いても満点に近い点がついて返ってきたせいなのか、この生徒の癖はなかなか直らなかった。だが、彼女が六年生になって、短文で勝負した答案があるので紹介しておこう。字はほめられないが、内容は課題を十分満たすものであり、文章も申し分ない。

「頭を下げたい気持ちになったときのことを、思い出して書いてください」という課題作文に対して書かれたものである。

【出典】 開成中学校（二〇〇八年度）

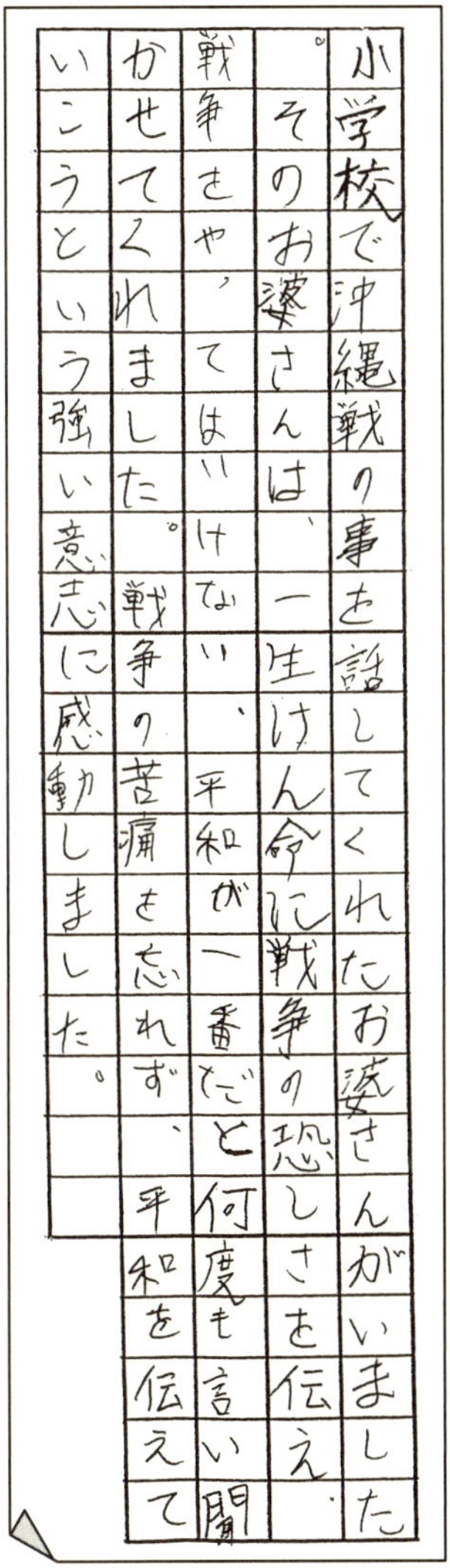
小学校で沖縄戦の事を話してくれたお婆さんがいました。そのお婆さんは、一生けん命に戦争の恐しさを伝え、戦争をやってはいけない、平和が一番だと何度も言い聞かせてくれました。戦争の苦痛さ忘れず、平和を伝えていこうという強い意志に感動しました。

もう一つ、進歩した例を紹介しよう。最初は、五年生の一学期に『夜のくだもの屋』をまとめた答案である。

自分がコンクールの練習の帰りにおばさんが
一つ店を開けていて自分おちつかせてくれなおかつ
自分が暗いとだめだろうと気づかってくれて
店を開けてくれていたし、コンクールの歌を私が
歌っているのを聞きおぼえて歌ってくれた
果物屋のおばさんがいて自分はうれしかったという話

五年生男子。口の重い生徒だったが、答案を書かせると小さな字でとにかくたくさん書く癖があった。長い一文を整理できないため、この答案もかなりの重症である。字数は特に制限せず、授業中に解かせたが、ひどい答案だ。授業の終わりに答案の問題点を指摘し、宿題にして家で書き直させた。それでも同じ症状が続くので、三度目は八十字以内で

書けという指示を出して、とりあえず決着をつけた。この一文は、内容が多すぎて部分的な直しでは処理しきれない。当人が書きたかったことを極力生かして書き直すのは疲れる作業だが、とりあえずやってみよう。

添削例

【コンクールの練習の帰りに、暗いとだめだろうと自分を気づかって店を開けておいてくれた果物屋のおばさんがいた。そのおかげでおちつくことができた。また、そのおばさんは自分が歌っているコンクールの歌をおぼえて、歌ってくれた。そのこともうれしかった。】

約一年後、この生徒は次のような答案を書いたのである。

設問は、椋鳩十の文章の中の「うらのマツ山は、わたしの書斎《しょさい》でした」という部分に対して、「わたし」が「書斎」にしていた理由を問うものである。

【出典】武蔵中学校（一九八三年度）

マツ山だと、学校とはちがってぎょうぎが悪いだとか
読み方がおかしいだとか勉強しなさいとか文句を
いうものがいない。また、教室の中では心がちぢこまり
教科書の活字がきゅうくつだったがマツ山では地理の
本を読んでも平気だ。つまり、「わたし」にとって
まったくひとりぼっちで心がのびのびと楽な
気持ちになって「わたし」だけの世界に
入れこめるから。

最後の一文は、「つまり、マツ山は……場所だから。」というふうに言葉を補うべきであり、「入れこめる」という表現を含めて多少の問題点はあるが、五年生時の答案と比較すれば格段の進歩である。

最後に、かなりの重症例を挙げておこう。問題は、何度も取り上げた『夜のくだもの屋』の要約である。

> 初めはいつも合唱のコンクールだったので夜がおそいので心ぼそい気持ちをしていたが何日かたつとあかりがついているのでふしぎに思っていたがそれはくだもの屋のおばさんたちが自分のためにいつもあかりをつけてくれたこともしりおどろいたこと。

五年生男子。大手塾で国語の偏差値五〇台前半の生徒である。話す時に、先を考えずにまず思いついた言葉を発するため、最後はしどろもどろになってしまう。長い一文を書く悪い癖を持つ生徒の、典型的パターンだ。「書く」指導をする前に、言いたいことは数秒間頭の中で考えてから言え、という日常会話の訓練から始める必要があった。この男子は六年生後半には五〇台後半の偏差値になり、最高で六三を取ったこともある。

この答案の問題点は山ほどある。まず、一文が長すぎる。次に、「初めは」という修飾語と被修飾語が離れすぎている。さらに、接続助詞「ので」や「が」が一文の中で何度も使われている。最後に、後半の「それは」に対応する結びがない。

受験生をお持ちの読者の方は、私の書き直しを見る前に御自分で直してみてはいかがだろうか。これを直せたら免許皆伝。我が子がどんな答案を書いても自信を持って指導できる。ただし、すべての要素を生かして書き直すのは不可能なので、削除もしくは要素の追加が必要である。

添削例

【少女は、いつも合唱コンクールの練習で夜がおそいので、初めは心ぼそい気持ちだった。しかし、何日かたつと店のあかりがついているようになり、ふしぎに思いながらも安心できるようになった。そのあかりは、くだもの屋のおばさんたちが自分のためにつけていてくれたものだということをしり、少女はとてもおどろいた。】

この章の結びとして、私が各生徒の答案の書き直しを挙げた理由を説明しておこう。文章力をつけるためには、模範解答を押し付ける前に生徒が書いた文章の問題点を考えさせ、わからなければ指摘して、生徒の答案を極力尊重しながら正しい文章に書き直させるというトレーニングが不可欠である。だが、一クラス何十人もの生徒をかかえる塾教師にこうしたトレーニングを要求するのは、物理的に不可能である。添削指導という方法にはある程度の成果を期待できるが、生徒が能動的に関わらないという点で、効果が現れるまでには時間を要する。

したがって、テストが返ってきた時には、我が子の得点に一喜一憂するだけでなく、子供の書いた文章をきちんと読んで、おかしな部分があればそれを直すことに付き合ってあげてほしい。生徒の答案例と私の書き直し作業がその参考になればありがたいと思っている。

ここで、今まで述べてきたことを〈技《スキル》〉としてまとめておこう。

技
スキル

◉長い一文を書かない。

○一文に多くの内容を詰め込もうとしない。
○不要なことを書くと文はかえってわかりにくくなる。
○一文を頭の中で作ってから書く（必ず文末を考えて書き出す）。
○書く前に口に出してみるトレーニング。
●常に主語を明確にして書く。
●同じ言葉や言い回し、同じ内容をくり返さない。

〈表現上のポイント〉

○例えば「立たなく、」は、「立たず、」あるいは「立たなくて、」と書く。
○修飾語と被修飾語はなるべく近づけて書く。
○話し言葉で書かない——「～けど」・文頭の「なので」・「ら抜き言葉」・「いやだ」を「やだ」・「すごく好き」を「すごい好き」など。
○常体（だ・である）と敬体（です・ます）を混ぜて書かない。答案は常体で書く。
○「たり」は「～たり、～たり」と二度使う。

三章 記述問題の分類とその攻略法

記述は七割とれれば十分

この章の本題に入る前に、どのくらいの点数を取れれば記述問題を攻略したことになるのかという点について述べておきたい。

問題の難易度にもよるが、一つの設問に対して配点の七割以上の点数がついた△が取れたら、正解できたと考えてよい。記述問題で〇《マル》が取れないという不満をもらす親がいるが、私に言わせれば本格的な記述問題で満点を取ることは至難のわざに近い。私が答案を書いても模範解答どおりになることはめったにないからである。ましてや受験生は、限られた時間の中で書き切らなければならないのである。記述問題とは、そもそも高得点を争うゲームではないのだ。

私は生徒に、「記述問題は△を取り続ければよい。×をくらうな」と言っている。実際、記述中心の問題を出す上位校入試では、七割取らなければ合格できないということはあり得ない。ふつう七割取れれば大きな貯金となる。六割を超えれば十分だろうし、他教科次第では五割前後でも合格可能というのが相場なのである。ちなみに二〇一〇年度の開成中学校入試の国語では、八十五点満点で合格者の平均点が五十・九点（六十パーセント）、受験者全体の平均点が四十二・一点（五十パーセント）であったという結果が公表されている。

さて、誰もがいやがる記述問題をいかに攻略するかという話題に移ろう。私の勝手な分類に従って、例を挙げながら説明していくことにする。

（1）心情・理由説明型

文字どおり、――線が引かれた部分の、登場人物の心情（気持ち）や、登場人物がとった行動の理由、または、ある感情をいだいた理由などを答えるタイプの記述問題。八割以上の記述問題がこのタイプに入るが、後で述べる他のタイプ、特に〔要約型〕との複合型になる場合が多い。ここではまず、なるべくシンプルなものを取り上げて、記述問題全般に通ずる答案作成の考え方を述べておくことにする。

例題①

ぼく（ワタル）には、三人の生涯《しょうがい》の友達がいる。ヤンチャと、ノリオと、ハム太（本当の名前は公太《こうた》）。ぼくらはいなか町の四年生。いつも一緒《いっしょ》に遊んでいた。ヤンチャが原因不明の病気で緊急《きんきゅう》入院したのはその年の秋。ぼくらは、ぶっ飛んだ。おてんとさまが西からのぼることはあっても、ヤンチャが病気になるなんて絶対にありえないことだったから……。

（中略・引用者）

十二月に入ったある晩。

ぼくは、掘《ほ》りごたつで漢字の書き取りの宿題をしていた。母さんは台所で夕食の後片付けをしていて、父さんはぼくのそばに寝転がってテレビのニュースをつけたところだった。ボリュームをしぼったテレビから、男の声が流れ出す。

（中略・引用者）

〈それから、このところ日本でも少しずつ症例《しょうれい》が報告され始めたのが、当初はアレルギーの一種かと思われた例の症候群ですが。〉

教授は、ぼくにはよくわからない外国語の病名を言った。

〈体じゅうに赤い発疹が出て、咳が止まらず、日に日にやせ細って衰弱《すいじゃく》していく。接触《せっしょく》などでは感染《かんせん》しませんが、恐ろしいのは肺炎を併発《へいはつ》しやすいことと、それに、発病してから

死に至る期間が比較的《ひかくてき》短いことです。〉

心臓がばくばく暴れはじめた。言葉の全部は理解できなくても、とんでもないことを言ってるらしいことだけはわかった。

〈それで、治療法《ちりょうほう》は見つかったんでしょうか。〉

〈いや、残念ながら、これといったものはまだ見つかっていません。対症療法が精一杯《せいいっぱい》、というのが実情です。じつはですね……私は、この新しい病気には、近年の地球環境《かんきょう》の激変が何らかの形で関係しているのではないかと考えているんです。げんに、WHOの調査を見ましても……。〉

教授はごそごそとテーブルの下から別のボードを出して、いろんな国の名前が並んだ表を指さした。

〈ご覧のように、大気や水、あるいは土壌《どじょう》などの汚染《おせん》が問題になっている地域の人々のほうが、明らかに発病率《りつ》が高いんですね。乱暴な言い方かもしれませんが、あえて誤解を恐れずに言いますならば、これは、我々に対する自然からの罰《ばつ》なのかもしれないと……。〉

〈罰、とおっしゃいますと？〉

〈つまり、人間のおごりが招いた強烈《きょうれつ》なしっぺ返しと申しますか。〉

何だよそれ、と、思わず声に出してしまった。

（中略・引用者）

涙はもう引っこんで乾いていたけれど、わけのわからないいらだたしさのほうはいつまでも消えなかった。心臓が痛くて、奥歯を食いしばっていないと今にもわめきだしてしまいそうだった。

閉じこめたはずの言葉がのどの奥のほうで暴れまわり、すきさえあれば口から飛び出そうとする。

〈何だよ、しっぺ返しって！〉

〈何なんだよ、罰って！〉

⑪〈そんなこと、ヤンチャといったい何の関係があるっていうんだよ……！〉

（村山由佳『約束』）

問17　――線部⑪「そんなこと、ヤンチャといったい何の関係があるっていうんだよ…

……!」とありますが、「ぼく」はこのときどのように感じていますか。八十字以上百字以内で説明しなさい。

【出典】駒場東邦中学校（二〇〇二年度）

この問題は八十字以上百字以内の解答を要求しているが、この字数を「ぼく」の心情に関する記述だけで埋めようとすると、受験生は相当な洞察力と表現力を駆使しなければならなくなる。

小学四年生の親友、ヤンチャが原因不明の病気で入院した。ある晩、「ぼく」はテレビのニュースでヤンチャの病気が、環境破壊がもたらした不治の病であることを知る。このときの「ぼく」の気持ちを、小学六年生はどれほど想像できるのだろうか。

国語教師の立場から、思いつくところを挙げてみる。「人生ではじめて友を失うことになるかもしれない不安や悲しみ」「死の恐怖におびえるヤンチャの気持ちを考えた時のいたたまれない気持ち」「何もしてやることのできない無力な自分に対するはがゆさといらだち」「罪のないヤンチャが罰を受けなければならないことへのやり場のない怒り」といったところか。これらの要素が盛りこまれた答案を書ける生徒は、相当な実力の持ち主である。しかし、このレベルを小学六年生がやすやすと書けることはありえない。駒場東邦もそこまでは要求していないだろう。

では、ふつうの受験生はどんな答案を書くのか、二つほど見ていただこう。

（Y君）

自然に逆らってもっぺ返しをされるべき人間はヤンチャじゃないのに、自然のいかりとも言えるこの恐しい病はなぜ罪の全くない、関係のないヤンチャをおそうのかが理解できず自然は何を考えているのかと感じている。

（F君）

人間のせいで地球環境が変化してヤンチャの病気の原因が出てきたことを知った。ワタルはそのせいで、全く関係のないヤンチャまで病気にかからせたことに対して強いいかりを感じている。

六年生の夏に書いたこの二人の答案に共通していることは、罪のないヤンチャが罰を受けるという内容に字数を使っているという点である。異なる点は、答案の最後、締めくくりの言葉である。「ぼく」の気持ちを問うこの設問に対して、Y君は「自然は何を考えているのかと感じている」と答え、F君は「強いいかりを感じている」と答えている。「自然は何を考えているのか」という言葉は、心情に対する補足説明的な内容であって、明確に心情を表現した言葉ではない。それに対してF君の「強いいかり」は、心情を端的に表現した言葉であり、当然F君の答案のほうが高い得点を得ることができる。

「強いいかり」のように、設問に対して端的に答えた短い言葉を、私は小学生向けに**〈決め手の一言〉**と呼んでいる。具体例や具体的説明ではなく、それを一言でまとめた明確な言葉のことである。これを最初に考えてから答案を書き始めることが重要なのだ。

記述問題の大半が短い〈決め手の一言〉で答えられると私は考えている。この例題①の設問が「十字以内」という条件であったとしたら、生徒はいったいどう考えるだろうか。当然、〈悲しみやいかり〉のような〈決め手の一言〉を探すという発想に頭を切り替えざるを得なくなるのである。

外山滋比古《とやましげひこ》氏は『フィナーレの発想』（講談社刊）の中で、西欧語の発想様式は「はじめが重く、後が軽い逆ピラミッド型」であるが、「日本語の発想はまさにその正反対」すなわち「ピラミッド型」だと書いている。日本語で答案を書く受験生は、はじめが軽く、後が重いピラミッド型にしたがわなければならない。先に答案の最後に置くべき「重い」言葉を考えてから書き始めなければ、説得力のある答案は作れないのである。この「重い」言葉こそ、〈決め手の一言〉だ。

次ページの板書を見てほしい。〈決め手の一言〉を考えて、そのあとに字数に応じて具体的説明・理由を盛り込むのがポイントだ。

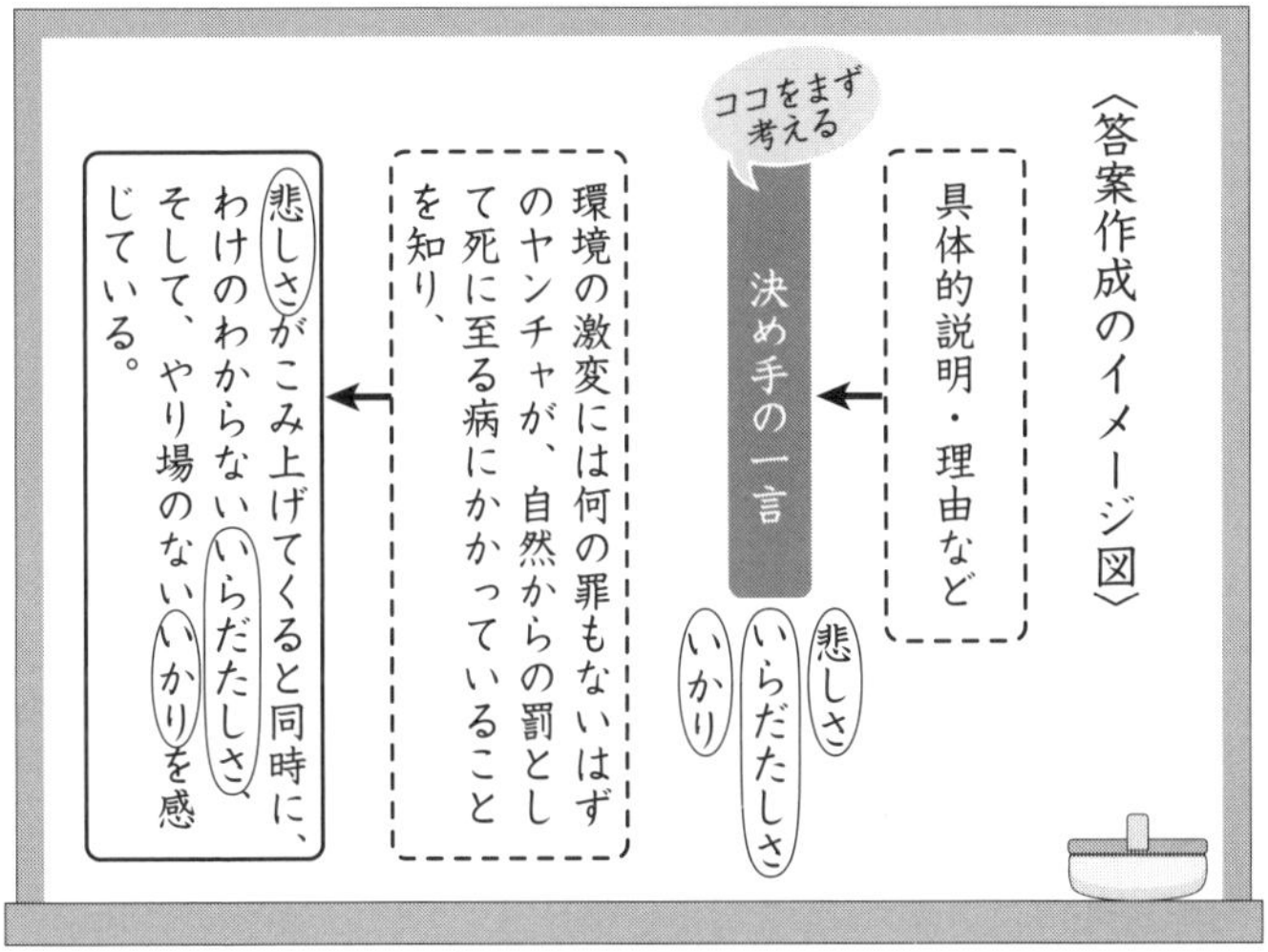
〈答案作成のイメージ図〉
具体的説明・理由など
ココをまず考える
決め手の一言
悲しさ
いらだたしさ
いかり
環境の激変には何の罪もないはずのヤンチャが、自然からの罰として死に至る病にかかっていることを知り、
悲しさがこみ上げてくると同時に、わけのわからないいらだたしさ、そして、やり場のないいかりを感じている。

ちなみに、一つ目の答案を書いたY君は、駒場東邦中学校に合格。後のF君は、何があったのか駒場東邦には落ちたが、それに続いて受験した栄光学園中学校と筑波大学附属駒場中学校に合格した。中学受験では、こんなことも起こり得るのである。

解答例

【環境の激変には何の罪もないはずのヤンチャが、自然からの罰として死に至る病にかかっていることを知り、悲しさがこみ上げてくると同時に、わけのわからないいらだたしさ、そして、やり場のないいかりを感じている。】

例題②

（注）「ボク」が四歳《さい》の時、ある事情から「オカン」は「ボク」を連れて父（「オトン」）の家を出、別居生活を始めた。その後、二人は「オカン」の故郷である筑豊《ちくほう》の炭坑町《たんこうまち》に移り住んだ。

以下の本文は、一九七〇年中頃《なかごろ》の小学生時代をふりかえる「ボク」の回想である。

オカンは夜になると、近所の料理屋さんに仕事に出掛《でか》ける。眠《ねむ》っているうちに帰って来る。時々、帰って来た時に目を醒《さ》ますことがあった。料理屋の匂《にお》いと酒の匂いが部屋《へや》の中でふくらむ。蒲団《ふとん》の横にある鏡台で、化粧《けしょう》を落として、化粧水をはたいている様子を蒲団の中から見ていた。硝子《がらす》の瓶《びん》に入った化粧水のキャップを回す音や、ひたひたと顔につけている化粧水の音が心地良く好きで、オカンが帰って来た安心感と静かな部屋に小さく響《ひび》く化粧瓶の音が、また、眠りを誘《さそ》った。

前野君の家族は、そんな状況《じょうきょう》を気遣《きづか》ってくれたのか、いつも遊びに行くと、御飯《ごはん》を食べていきなさい、今日は泊《と》まっていきなさいと言ってくれる。前野君のお父《とう》さんは炭坑で働いていて、夕方になるといつも家に居た。

まだ明るい夕暮れ。両親とお姉《ねえ》さんと前野君がいつもの席であろう場所に座る。

「ヤンボー・マーボー天気予報」がテレビから流れる。うちの夕飯の時間よりもずっと早い。なのに、家族が全員揃《そろ》っている。テレビの中でしか見たことのない家族の食卓《しょくたく》の風景に、ボクは緊張《きんちょう》した。これは今でも、人の家の家庭らしい食卓に招かれると、同じように緊張し、同じことを思う。

〝へー。テレビみたい。〟

（リリー・フランキー『東京タワー　オカンとボクと、時々、オトン』）

問一　「テレビの中でしか見たことのない家族の食卓の風景に、ボクは緊張した」とあるが、どうしてこのように緊張したのですか、説明しなさい。

【出典】武蔵中学校（二〇〇六年度）
理由説明の問題だが、考え方は例題①と同じである。まず、緊張した理由を短い言葉で考えること。それが決まれば、問題の半分は解けたことになる。

武蔵はずいぶん前から、模範解答を〈講評〉付きで発表している学校である。教師の力量に自信があればこその姿勢であろうが、この設問に対する〈講評〉にも以下のような適切なアドバイスが書かれている。

〈講評〉

「緊張した」理由を問うているので、「慣れないから」「違和感があったから」「対応にとまどっていたから」などの言い方で締めくくりたい。「驚いた」「めずらしかった」「あこがれた」という類の解答が目に付いたが、「緊張感」には直接結びつかない。「テレビの中でしか見たことのない」との表現に着目して答えることも必要で、「テレビドラマの感覚」「現実味のない光景」といった答案があった。「家族団らん」の語を用いた解答も多く、適当な説明と言えるだろう。

「締めくくりたい」言い方として挙げられている言葉（決め手の一言）の前に、「テレビの中でしか見たことのない家族の食卓の風景」の具体的説明と、それと対比されるべき

「ボク」の家での夕食の様子をもってくれば答えが完成する。

解答例

【自分の家では母と二人きりで夕食をとっていたが、前野君の家では早い時間から家族全員がそろい、家庭らしいふん囲気の中で食卓を囲んでいる。そんな場に居合わせるのは初めてで、とまどいを感じたから。】

ちなみに、武蔵中学校の〈講評〉には、これ以外にも受験生および指導者にとって有益なコメントが書かれることが多い。

「簡にして要を得た答が最も印象的で、点もよいと知るべきである。」
「もっと大事なことは、言いたいことのよく分かる文章を書くことである。」
「首尾の整わない、関係がよくわからない文のつらなりが、大変多い。書き出す前に、頭の中でよく文を練って欲しい。」

これらは、「書いて書いて書きまくる」「まず手を動かす」受験生には、耳の痛い言葉ではなかろうか。

ここで、〔心情・理由説明型〕の〈技《スキル》〉をまとめておこう。

技 スキル

◉書く前に、答えのポイントを短い言葉で考える。

◉その〈決め手の一言〉で答案をしめくくる。

○与えられた字数に応じて、具体的説明や理由などを答案の前半部分に付ける。この部分の書きすぎに注意する。

（2）要約型

文章全体の要約や筆者の主張の要約はもちろんのこと、理由や気持ちの説明であっても、ある程度長い文章をまとめることによって解答しなければならないタイプの記述問題である。

この〔要約型〕のポイントは、書くべき内容をいかにもらさず答案を作ることができるか、という点にある。ところが、「まず手を動かす」「書きながら考える」タイプの生徒は、後先のことを考えずに不要なことまで書くので、必要な要素が欠落した状態で解答欄が埋まってしまう。つまり、書き始めた段階で「負け」は決まってしまうのである。

負けないためには、書く前に解答の要素をすべてそろえ、与えられたスペースまたは字数を考慮して、各要素にどのくらいの字数を使えるかということを考える必要がある。設計図なしに家を建ててはいけないのだ。私はこのことを料理にたとえて、書く前に**材料をそろえろ**と言っている。

例題①

⑨ 日本の農地で土の力がおとろえていると言われ始めたのは一九七〇年代後半ごろからでした。取材で農家を訪ねると、土が固くなったとか、ミミズが以前のように見られなくなったという話題がよく出るようになりました。化学肥料をいくら投入しても、作物の収量が思うようにのびなくなりました。同じころ、各地で農作物の病気が多発するようになりました。例えばキャベツやハクサイの産地では、根にこぶこぶができて、根の機能が弱り、養分を吸収できなくなって生育がさまたげられるという現象になやまされました。土の検査をすると、ミネラルが不足している農地が増えていることがわかりました。ミネラルは、量はわずかでいいのですが、植物の健康バランスをとるために欠かせない物質です。

⑩ こうした事態が進行した背景には、一九六〇年代以降の日本の経済成長という現実がありました。経済の成長に合わせて農業も生産性を上げていこうとしてとられた機械化や、化学肥料や農薬をたくさん使うやり方などが、農業を支える大切な土をこわしてし

まうという結果を招いたのです。農薬は土の中に生息している微生物や小動物を無差別に殺します。すると、微生物の数も種類も少なくなり、バランスがくずれてしまいます。微生物のバランスが保たれているあいだは、おたがいが助け合ったり食べ合ったりして、微生物が特定のものにかたよったりするということはないのですが、そのバランスがくずれてしまい、ある特定の微生物が異常発生するという事態が起こったのです。しかも、農業生産の効率を上げるため、いろいろな作物を作ることをやめ、単一の作物を毎年続けて作るという農業経営上の変化も同時に進みました。これを連作といいます。同じ作物を作り続けることで、土のバランスがいっそうくずれてしまいます。

（大野和興『日本の農業を考える』）

問五　――5「日本の農地で土の力がおとろえている」とありますが、どうしてそのようになったのですか。

【出典】栄光学園中学校（二〇〇五年度）

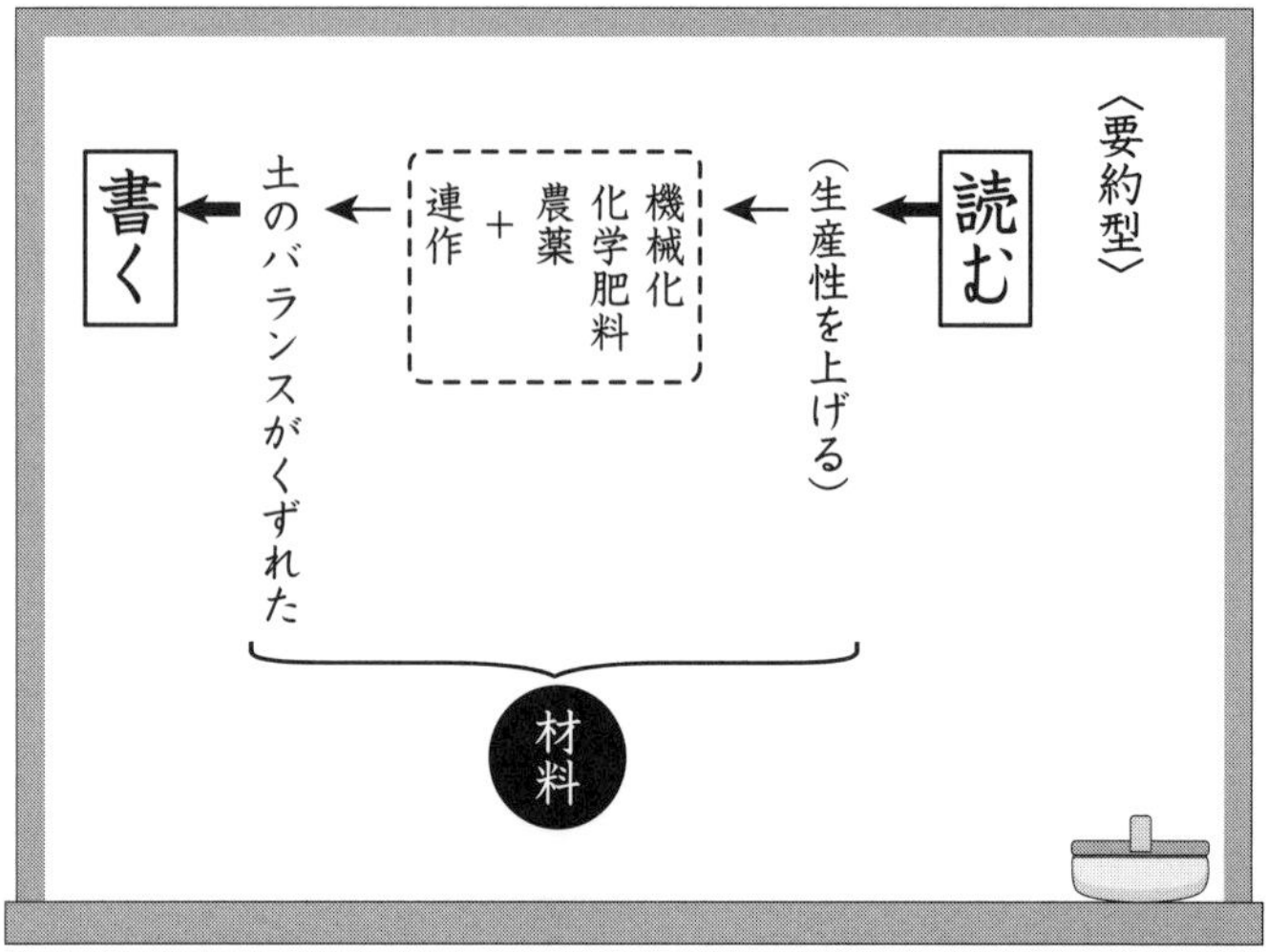

〈要約型〉の基本問題である。それにもかかわらず、満足できる解答を書く生徒は少ない。解答欄は二行のフリースペース。六十字ぐらいが記入できる限界だろう。「一九六〇年代以降の日本の経済成長という現実」などと書き始めてしまうと、半分近くが埋まってしまう。⑩段落のおわりから三文目の「しかも」という接続詞に注目して、「連作」という要素を入れられるかどうかが勝負の分かれ目である。「土のバランスがくずれたから。」という形で結べば文句ない。第一部の「『読む』ための〈技《スキル》〉」でとり上げた〈大切な言葉はくり返される〉という〈技《スキル》〉を思い出していただきたい。「バランスがくずれる」という表

現は⑩段落だけで三回も使われている。

解答例　【生産性を上げるための機械化や、化学肥料や農薬をたくさん使うやり方、さらには連作で、土のバランスがくずれたから。】

例題②

いい年をして、いまだに宿題の夢を見る。

「英語の宿題を数式で解け」という問題に、汗《あせ》びっしょりでベッドにはね起きたこともあった。私は、テレビやラジオの脚本《きゃくほん》を書いてご飯を頂いているのだが、時間ギリギリまで遊んでしまう自制心のなさは、小学校一年のときから少しも変わっていない。

「桃《もも》太郎《ろう》サン」の全文をノートに書き写す宿題を朝になって思い出して、あたたかいお櫃《ひつ》の上でベソをかきかき書いたこともあった。そのせいか、今でも、桃太郎というと、炊《た》き立てのご飯の匂《にお》いを思い出して困ってしまう。

①一番印象に残っているのは、風船の宿題である。

あれは小学校何年のことだったろうか。

私は、紙風船を作る宿題が出来なくて、半泣きであった。

数学で、球形はたくさんの楕《だ》円形から成り立っている、というようなことを習って、先生は例として紙風船を示していた。理数系統は大嫌《きら》いであったから、私は、窓から運動場を眺《なが》めることで時間をつぶした。そして、家へ帰って、ハタと当惑《わく》してしまったのである。

当時はまだ、質のいい高性能接着剤《ざい》はなかったから、ひょろ長い楕円形の端《はし》と端を張り合わせて、紙風船を作ることは至難の業であった。あちらつければ、こちらがはがれる。

ついに泣き出した私に、父は「もう寝《ね》ろ」とどなった。

朝起きた私は、食卓《たく》の上に紙風船がのっているのを発見した。

いびつで、ドタッとした、何ともぶざまな紙風船であった。

「いろんなものを動員したあげく、やっと小さな薬缶《やかん》が型に合って出来たのよ。お父さんにありがとうを言いなさい」

母が口をそえた。父は怒《おこ》ったような顔をして、ごはんを食べていた。

私は風船を大きな菓《か》子袋《ぶくろ》の中に入れて、意気揚々《ようよう》と登校した。

ところが――風船を作ってきたのは私一人なのである。そんな宿題は出てはいなかったのだ。

その日帰って、私は嘘《うそ》をついた。

「とてもよくできましたって、ほめられた……」

今にして思えば小賢《こざか》しいはなしだが、そういわなくてはいけないような気がしたのだろう。

「お父さんの風船」のはなしは、「邦子の盲《もう》腸とお父さんの駆《か》けっこ」とならんで、よく話題にのぼった。これは、私が盲腸手術直後、女学校の編入試験をうけた前夜に父が見た夢のはなしなのである。

学科だけで体育は勘《かん》弁してもらうという約束だったのに、なぜか試験官は私にランニングを命じた。父は激怒《ど》して、代わりに私が走ってもよろしいかと申し出て、ヨーイ・ドンでほかの女生徒とならんで走り出したところ、足がもつれて走れない。脂《あぶら》汗を流して、うなっているところを母に起こされた――というお粗《そ》末である。この二つのエピソードは頑《がん》固で気短な父が、実は子煩悩《ぼんのう》である――というPR用に、好んで母が話していたようである。私は、ますます白状しそびれてしまった。

そして、この二月。父は突《とつ》然六十四年の生涯《がい》を閉じた。死因は心不全。五分と苦しまず、せっかちな父らしい最期であった。

葬儀《そうぎ》やら後始末やらが一段落してほっと一息ついたら、桜が散っていた。

（向田邦子『眠る盃』）

問一　傍《ぼう》線部①の「一番印象に残っている」という「風船の宿題」とはどんな思い出ですか。百字以内で説明しなさい。（句読点も一字に数えます。）

【出典】ラ・サール中学校（一九九六年度）

紙風船を作る宿題が出たと勘違いした筆者のかわりに、苦労して夜中に紙風船を作ってくれたという、子煩悩だった父の思い出をつづった文章である。

中レベルの典型的な要約型記述問題である。この問題では、――線①以降どこまでの内容をまとめなければならないかという、「読む」レベルの判断がまず必要となる。

この質問を生徒にすると、多くが27行目の「とてもよくできましたって、ほめられ

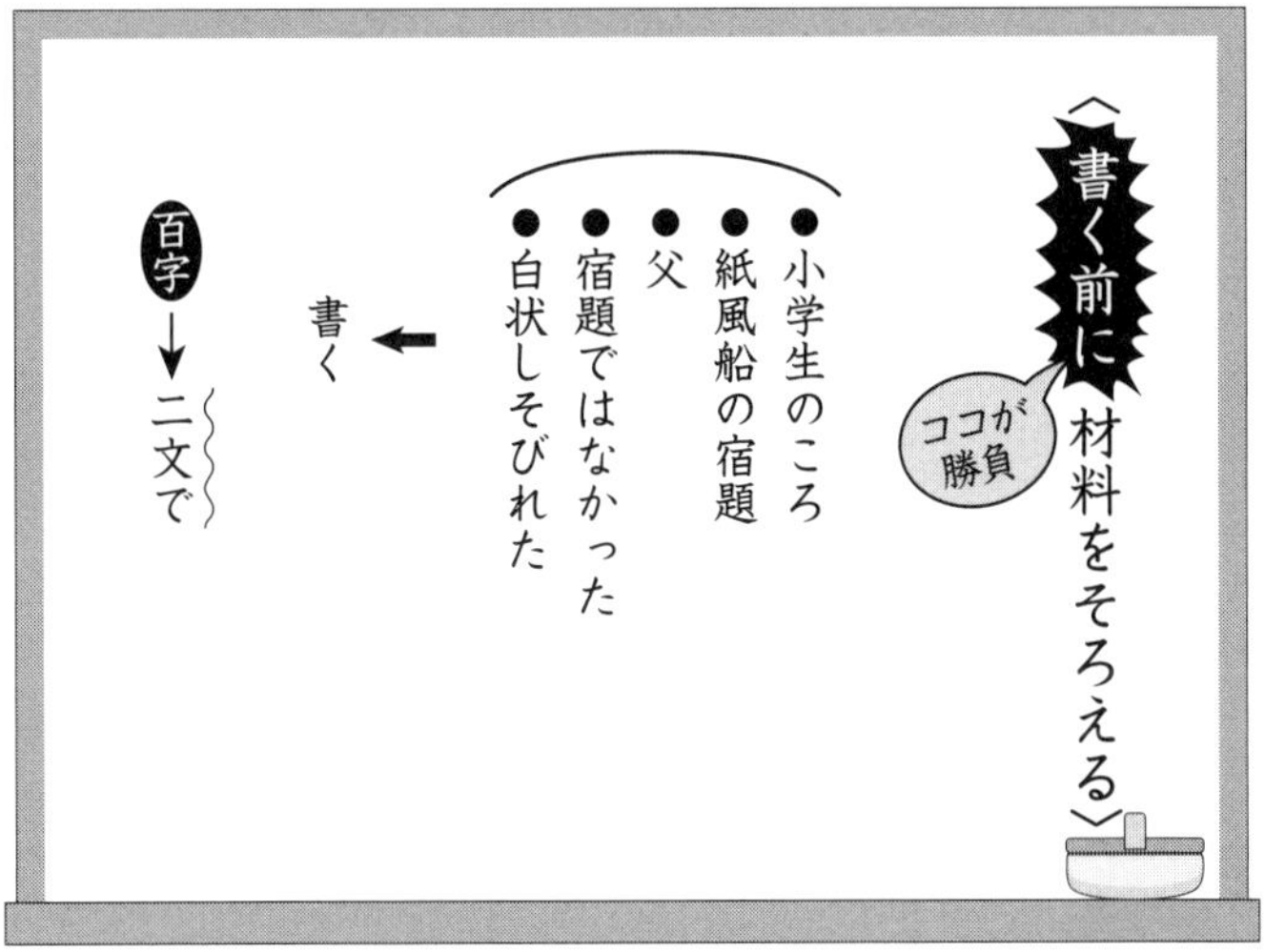

た……」というところまでだと答えるが、それでは不十分だ。38行目に書かれている、筆者が父親に「白状しそびれてしまった」こととは、紙風船を作る「宿題など出てはいなかった」ということだから、紙風船の話題はこの箇所まで続いているのである。

この答案を「理数系統は大嫌いであった」「窓から運動場を眺める」などという内容で書き始めた生徒は、その段階で「負け」である。字数が足らなくなって、たいてい「父が代わりに作ってくれた」という内容までしか書けずに終わってしまい、核心の一つである「白状しそびれてしまった」ことを書くことができない。

百字以内という字数に制限されたこの設問は、「書く」技術が問われる問題でもある。百字を一文で書いてうまくまとめられる生徒は、あまりいない。無理せずに、二文で書くこともポイントだ。解答例を挙げておこう。

解答例

【小学生のころ紙風船を作る「宿題」が難しくて泣き出したところ、父が代わりにぶざまな紙風船を作ってくれた。そんな宿題は出ていなかったことが翌日わかったが、父が死ぬまでそのことはいえなかったという思い出。（九十九字）】

例題③

① 現代はさまざまな価値観や生きかたが共存しやすくなり、個性豊かな時代となりました。といわれますが、ほんとうでしょうか。みんなが個性的によそおい、生きているでしょうか。確認《かくにん》してみましょう。

② ファッションのうえで個性という言葉がひんぱんにつかわれ、「個性の時代」と主張

されるようになったのは、一九七〇年代にはいって、『アンアン』『ノンノ』というファッション誌が出版されるようになってからです。最初は「個性化」という流行ではじまったこの動きは、「アンノン族」とよばれる、いわばグループをつくりだし、つぎつぎと「個性的」なる新しいファッションスタイルがうみだされていきました。

③　しかし、その一方、八〇年代終わりごろの髪《かみ》の毛を同じ長さにのばす、ワンレンの流行は、うしろすがたではだれかれの区別がつかず、個性化とか、個性という言葉はどこにいったのだろうかと思わせるような現象があったことも事実です。

④　一九九〇年代なかばの日本の若いひとを観察してみると、一見、ひとりひとりはちがっていて個性的に見えますが、わたしは必ずしも個性的だとは思えません。かれらがつくっている友だちグループ、いわば友だち社会を観察してみると、ますますその社会がこまかくわかれた小さな単位になっており、その友だち社会では、同じバッグを持ち、同じ服装をするのがあたりまえで、そうしていないと仲間として認めてもらえないというような現象が垣間《かいま》見えます。その一方、友だち社会どうしでは違《ちが》いをだすためにきそいあっている、そんなふうに思えますが、いかがでしょうか。

⑤　そんなすがたを見ていると、ずいぶん前から語られている「個性的」とか「個性」と

いう言葉に、かなりの疑問がのこります。その意味で、日本社会の個性化とは、ひとりひとりのことではなく、細分化された仲間内の友だち社会間での違いが尊重されているようにも見えます。友だち社会のあいだでの差異が、個性とよばれているにすぎないのかもしれません。

（村澤博人『これが「わたしの顔」』より）

問一　筆者は、一九九〇年代なかばの日本の若いひとの個性のあり方について批判的ですが、それは彼らの個性をどう考えているからですか。九〇字以内でまとめなさい。

【出典】開成中学校（二〇〇三年度）

①〜⑤の段落番号と五ヵ所の［　］は、解説の都合上私が付けたものである。ここでは、説明文の〔要約型〕スキルについて別の角度から考えてみたいと思う。

設問は、一九九〇年代なかばの若者についてのものだから、④・⑤段落をまとめればよいことはすぐにわかるだろう。④段落は具体例、⑤段落は小学生の言葉でいう「まとめ」

である。塾教師は「具体例」＋「まとめ」という形で解答を作ろうとする。「まとめ」の部分だけで解答を作ると、この場合は「抜き出し解答」のようになってしまい、あまりにも安易だという気がするからである。だが、九十字という字数内で「具体例」＋「まとめ」という形の答案を書くためには、④段落を短く要約しなければならない。その作業は、小学生にとってはなかなか難しいようだ。たいてい具体例に字数を使いすぎて、「まとめ」の部分が書けなくなってしまうのである。

ここで、開成中学校が発表している模範解答を見てみよう。

（解答例１）こまかくわかれた友だち社会の中では、同じバッグを持ち、同じ服装をする一方、友だち社会どうしでは違いをきそい、その差異が個性とよばれているにすぎない状態だと考えているから。

（解答例２）彼らの個性は、ひとりひとりの違いのことではなく、細分化された仲間内の友達社会間での違いのようであり、その友達社会のあいだでの差異が、個性とよばれているにすぎない、と考えているから。

⑤段落だけで作った答えも（解答例２）として挙げられているのだが、そのことに異論を唱えるつもりで模範解答を挙げたわけではない。ここで注目すべきは、二つの解答例がどちらもほとんど文中の言葉を用いて作られているという点である。（解答例２）が⑤段落の二文目と三文目の□部分を縮めて作られていることは一目瞭然だが、（解答例１）もまた、四ヵ所の□部分をつなぎ合わせたものなのである。文中の□部分と解答例の□部分を見くらべてほしい。

こうした解答の作り方を私は**〈パーツとセメダイン〉**と名付けている。□の部分、すなわち文中の語句が〈パーツ〉、それをつなぎ合わせる〈パーツ〉以外の部分が〈セメダイン〉である。この方法において工夫すべきは〈セメダイン〉のみで、あとは文中から〈パーツ〉を探せば解答が出来上がるのだ。今回の問題も、設問の「～をどう考えているからですか」という要求にあわせて文末を決めたら、あとはパーツ部分を文法的におかしくないよう、助詞や指示語をセメダインとしてつなげていくだけだ。

〈パーツとセメダイン〉方式による解答は、開成以外の学校の入試問題（特に説明文の記述）においても使える〈技《スキル》〉である。以前は「極力文中の語句を用いて答案を作れ」と教えていたのだが、これではインパクトに欠けてなかなか生徒の頭に残らなかった。だが、

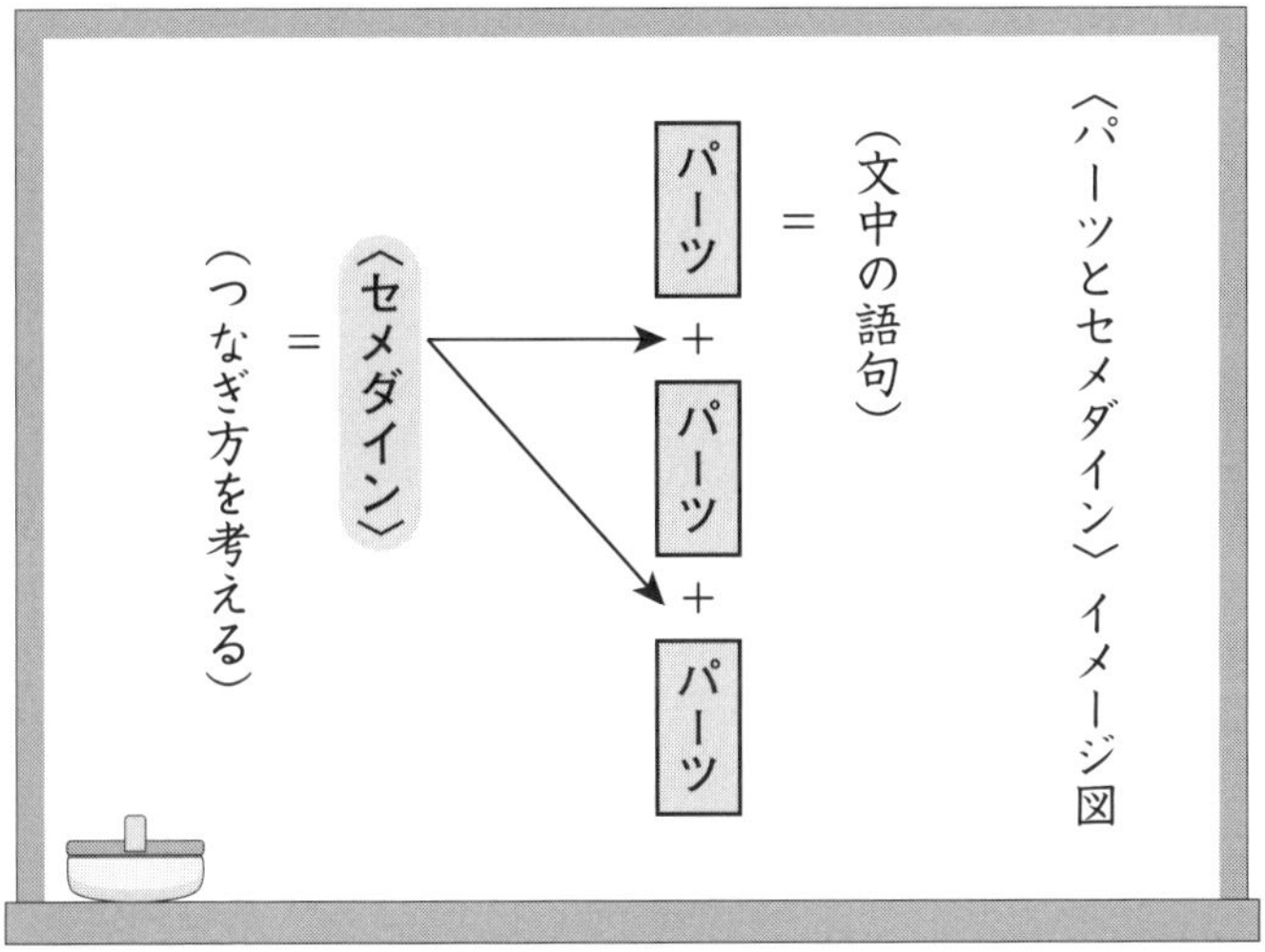

四年程前、ふと思いついて口にすると、翌週ほとんどの生徒がこの言葉を覚えていたのである。それ以来、多少の恥ずかしさを感じつつ、〈技《スキル》〉の一つに加えることになった次第である。

最後に、〈パーツとセメダイン〉につきまとう、生徒が犯しがちな失敗についてふれておきたい。探してきた〈パーツ〉を自分の都合（面倒だ、字数が足りなくなったなど）で勝手に作り変えたり、削ったりした結果、本文とは異なるニュアンスの文にしてしまったり、不自然な言い回しにしてしまったりする失敗である。

ある時、K君という受験生が私の言い付けを破って、この失敗を犯してしまった。

開成不合格、筑駒合格という綱渡りを演じて、母親に地獄と天国を味わわせたK君は、自己正当化の傾向が強い少年であった。

「なんでパーツを作り変えたんだ」と私が言うと、その答えがシャレていた。

「アレンジです」

「バカモノ、勝手にアレンジするな」というわけで、**〈アレンジするな〉**という〈技《スキル》〉が誕生したのである。


記述答案の作成で非常に重要なポイントを、もう一つ挙げるため、次の例題を見てほしい。前出の〔心情・理由説明型〕とリンクすることの多いポイントで、大人にとっては当たり前のことなのだが、小学生にとっては〈技《スキル》〉の定着に時間を要するものである。

例題④

現在はどうだかわからないが、ロシアがソビエト連邦《れんぽう》だったころ、男の人も女の人も、一歩家を出る時は必ず、買いもの袋《ぶくろ》を持っていたという。どうしてかというと、いつなんどき、自分の欲しいものが売りに出されるか分からないからなのだそうだ。

そのソビエトでは、街を歩いていて行列ができていると、人は必ず、とにかくその列の一番後ろに並ぶという。何のための行列だか分からなくても、まず並ぶのだそうだ。

その列は、リンゴの売り出しのための列かもしれない。牛肉の列かもしれない。トイレットペーパーの列かもしれない。とにかく並んでみて、自分が欲しいものであったならば、例のいつも持ち歩いている買いもの袋をひっぱり出して、その品物を買うというわけである。こういう時のために、ソビエトの人はいつも買いもの袋を持って歩いているのだ。

この買いもの袋のことを、ロシア語では「アボシカ」という。そしてこのアボシカの本来の言葉の意味は「もしかしたら……」という意味なのだそうだ。なかなかしゃれている。

私はこの話を聞いたとき、ふっと自分自身の日常生活を考えた。

（中略・引用者）

もしかしたら、心が洗われるような音楽に出会うかもしれないし、人生を変えてしまうような本に出会うかもしれない。考え方を改めるような映画に出会うかもしれないし、心のよりどころとなるような人に出会うかもしれない。涙《なみだ》ぐむような光景に出会うかもしれないし、力強い言葉に出会うかもしれない。

どんなものにぶつかるか、私たちは何も知らずに生きているのである。

はたして私たちは、そんな大切なものに出会った時、それを自分のものにしてしまえるような買いもの袋を持っているだろうか。

せっかくいいものに出会うことができても、それを自分の心の中にとり込《こ》まない限りは、ただの「いいもの」で終わってしまう。自分の心で感じ、自分の頭で考え、それを自分の糧《かて》にしなければ、何にもならないのである。

品物は、確かに袋に入れてわたしてくれる。けれども、心が欲する何かは、むき出しのまま、ポンと私たちの前に落ちるだけである。それを入れる袋は、私たち自身の心の中にしか存在しえないものだ。だれかが袋をくれるわけでもない。拾ってくれるわけでもない。自分で拾って、自分の袋に入れるしか方法はないのである。

④心のどこか片隅《かたすみ》に、いつも「アボシカ」を持って生きていたいと思っている。

（神津カンナ『胸いっぱいの愛を』による。ただし文章を改めた箇所がある）

問六　――線部④に関連して。筆者が持とうと考えている「アボシカ」には、ソビエトの人が持っていたアボシカと比べて、どんな違いや特徴《とくちょう》があるのでしょうか。自分のことばでわかりやすく説明しなさい。

【出典】桐朋中学校（一九九八年度）

この設問に答えるためには、「ソビエトの人のアボシカは～だが、筆者のアボシカは～である。」という答え方が必要である。

このような、設問に対する答え方、答案の形式を、私は小学生向けに**〈答案のわく組み〉**と呼んでいる。建物の骨組みと同じで、これがしっかりしていなければ、出来上がったものはあやふやなものになってしまう。〈答案のわく組み〉は、基本的に設問を読むことによって決まるものだが、これを作れない生徒は設問の読み方そのものに問題がある。〈わく組み〉を考えたら、後はその中に収める内容を文中から読み取ればよい。この時のポイントは、〔心情・理由説明型〕で述べた**〈答えのポイントを短い言葉でつかむ〉**こと

だ。どのくらいの説明を付けるかは、解答欄を見て考えることになる。この設問の解答欄は、縦十九センチ二行分のフリースペース。六十字前後が入る解答欄である。〈わく組み〉以外に残されたスペースはそう多くはない。少ないスペースしか与えられず、その上「自分のことばでわかりやすく」と言われても、生徒は困ってしまうだろう。だが、「自分のことばで」説明しなさいという設問は、文中の語句を使ってはいけないという意味ではないのだ。板書にあるように、ソビエトの人のアボシカに対しては「袋」、筆者のアボシカに対しては「心」「心構え」「姿勢」といった一語を含む解答が

書ければほぼ正解になる。

解答例

【ソビエトの人のアボシカは生活の糧となる品物を入れる袋だが、筆者のアボシカは心の糧となるものを吸収しようとする心構えである。】

技 スキル

◉書く前に〈材料をそろえる〉。
　○字数に応じて各材料の字数配分を考える。
◉百字→二文で書く。
◉説明文の記述問題は〈パーツとセメダイン〉で書く。
　○勝手にアレンジしない。
◉〈答案のわく組み〉を考えてから書く。

(3) 換言型

「――線部はどういうことか、わかりやすく説明しなさい」という設問文をもつタイプの記述問題を、私は〔換言型〕と呼んでいる。

〔換言型〕の攻略法を見つけるためには、まず、なぜこのような問いの出し方をするのだろうかという素朴な疑問をいだいてみる必要がある。その答えは、――線部がわかりにくいからである。そう考えると、この設問は「――線部にはわかりにくい言葉があるので、わかりやすい言葉に言い換えなさい」と言っているのだということがわかってくる。

では、――線部にはどのようなわかりにくい要素があるのか。中学入試においては、そのほとんどが比喩表現と指示語である。

したがって、〔換言型〕の記述問題は、**――線部にある比喩や指示語を部分的にわかりやすい言葉に言い換える**作業をすれば、答えが完成するのである。基本的には、〔換言型〕は構文そのものを変える必要はない。こうした発想をもたずに〔換言型〕に取り組んだ生徒は、――線部全体を漠然としたイメージで説明しようとするので、とても難しく感じてしまうのである。

なお、選択肢問題においても「――線部はどういうことか」という問いの出し方が存在するが、これも〔換言型〕である。わかりにくい部分をわかりやすく言い換えたものはどれかという観点で、各選択肢を部分的にチェックしていけば正解が見つかる。

では、まず基本問題を一つ見ていただこう。

例題①

時間は、みんなに平等に配られた富です。

その時間を節約する機械として洗濯機《せんたくき》や炊飯器《すいはんき》などというものが発明され、販売《はんばい》され、受け入れられてきたわけです。家事労働を機械がやってくれたら、自由に使える時間がつくれます。

節約された時間は「時間の貯金」になります。その時間の貯金をあてにして、映画やテレビや本や雑誌や、情報エンターテインメントという商品市場が生まれてきました。機械が発達して余った時間ができたら、その時間を使うための「情報商品」が生まれてきたわけですね。この範疇《はんちゅう》には、「教育」や「旅行」などというものも入ります。

そして、情報エンターテインメントという「時間食い」の商品があふれてくると、それを消費することに、また忙《いそが》しくなります。テレビも映画もマンガも見なきゃイケナイし、音楽も聴《き》かなきゃ勉強もしなきゃ、おいしい店にも行かなきゃ、とふんだんに市場に出ている情報商品をぜんぶ消費したくなるのは、モノのかたちをした商品をほしがるのと同じです。

（糸井《いとい》重里《しげさと》『インターネット的』による。一部原文の表記を改めたところがある）

問四　――線部③に「『時間食い』の商品」とありますが、どういうことですか。本文中の言葉を使って二十字以内で説明しなさい。

【出典】聖光学院中学校（二〇〇八年度）

「時間食い」を言い換えればよいのだが、「本文中の言葉を使って」という条件がついていることに注意する必要がある。作問者がこのような条件をつけてくる時は、たいてい本文中のある特定の場所を用いた解答を作らせようとしているからだ。本文中にある言葉で

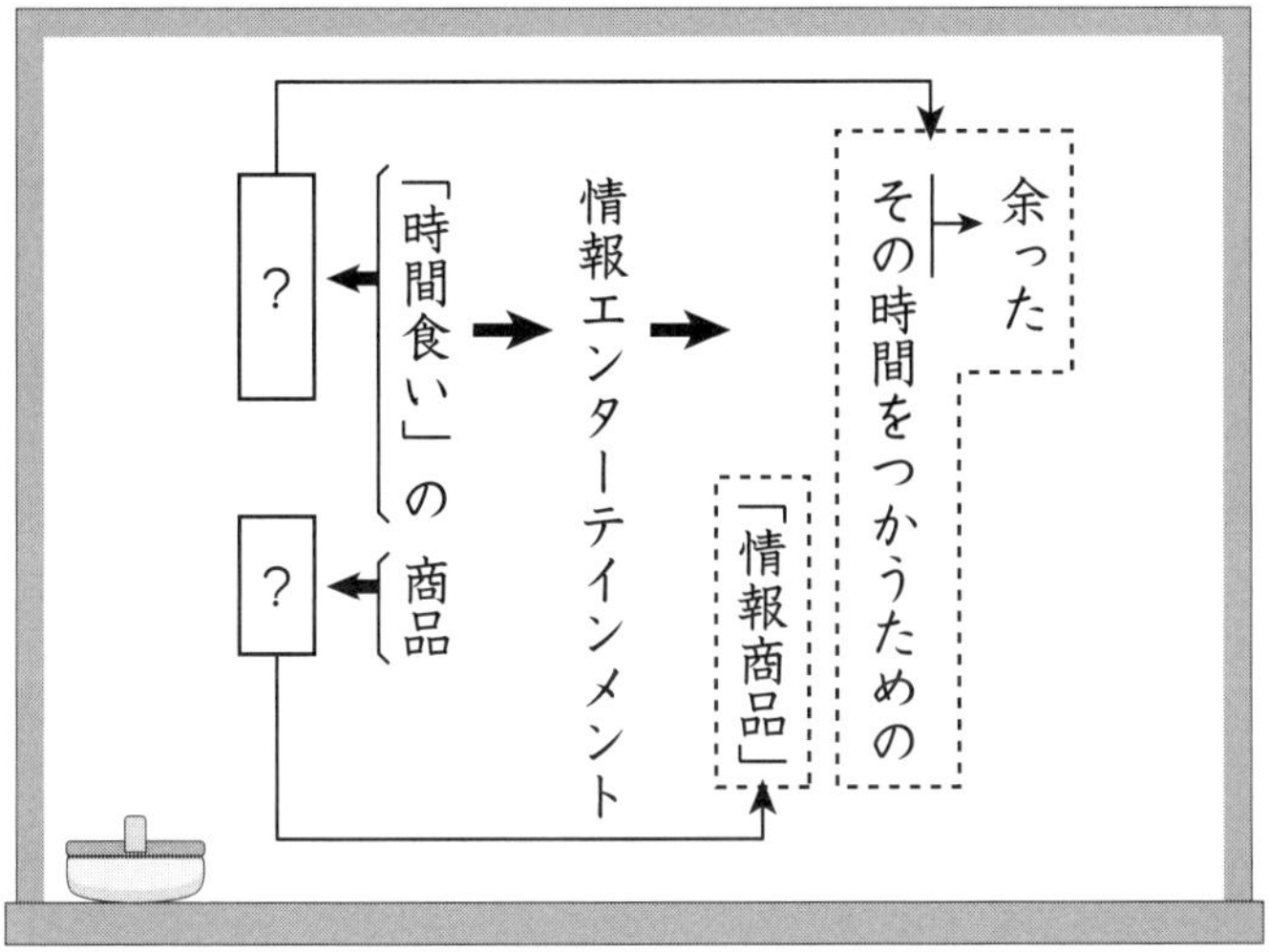

あれば何でもよいというわけではない。――線部の直前を読むと「『時間食い』の商品」＝「情報エンターテインメント」となり、さらにその前の三文を読むと、「情報エンターテインメント」＝「その時間を使うための『情報商品』」となる。おそらく、この場所を使わせようとしているのではないか。「その」を具体的に言い換えれば、【余った時間を使うための「情報商品」】という十七字の解答が完成する。ちなみに、過去問題集にのっている解答を二つ紹介しておこう。まず、「節約した時間をまた消費してしまうこと」。これは最後を「こと」にしてしまったため、「時間食い」の要素しか説明しない解答になって

いる。「商品」の説明ではないから、正解とは言えないだろう。次に、「余った時間を自由に使い、楽しむための商品」。かなり苦心して作られた解答だと思う。二十字の中になるべく多くの要素を入れようとしたため、「エンターテインメント」に対して「楽しむ」という本文中にない言葉が使われているが、その分「情報」という要素は欠けてしまった。十分な解答例だとは思うが、私にはここまで工夫しなければならない問題ではないように思える。

次は、ユーモアの理解と〈換言型〉が融合した問題。ユーモアも小学生にとってはなかなか理解できないテーマだ。

例題②

私はそんなふうに〈たたかい〉の世界を岳におしえてきたかわりに、そのぶんだけ勉強というのをいっさいおしえなかった。「勉強しろ」とも言わなかった。そして⑦彼はそちらの方も着実にあからさまにその成果をあらわにしているのだった。「子供にかまいすぎるとどっちにしても失敗するのさ」とクールに言っていた沢野の顔が私の目の前にまたぼんやりうかんできた。

（椎名誠『続岳物語』）

問八　――線⑦「彼はそちらの方も着実にあからさまにその成果をあらわにしているのだった。」とは、どういうことですか。二十字以内で説明しなさい。句読点も字数に数えます。

【出典】海城中学校（一九九〇年度）

私が最初に〔換言型〕を説明するために使う、五年生の後半向けの教材だが、ふつうの五年生だと正解できない。しかし、〔換言型〕の手順で解説していくと、ほとんどの生徒が、途中で「ああ、わかった。勉強ができないんだ」と言い出すのである。

「『彼』とはだれだ？」――「岳」

「『そちらの方』とは、どちらの方だ？」――「勉強」

「『その成果』とは、どんなことの成果か？」正解した生徒には答えるなと言ってある。

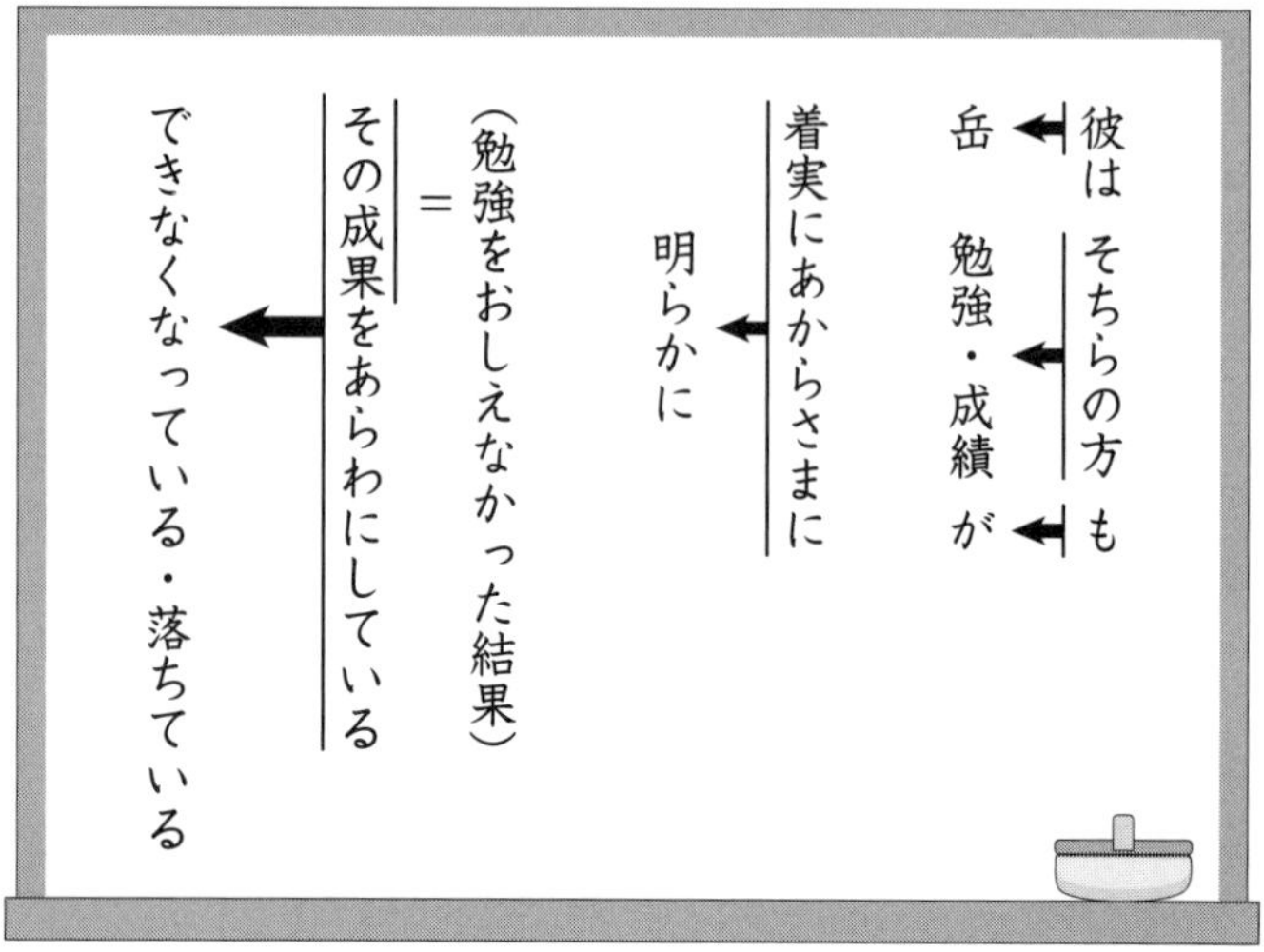

しばしの沈黙。だれかが「勉強をおしえなかったことの……」と言い出した段階で解決である。

　たいていの子供は、放っておくと論理的にものを考えようとしない。一文全体を感覚的にとらえようとする。ユーモアに慣れている大人であればそれで十分に――線部の表現は理解できるのだが、子供の感覚では「成果」という言葉に含まれるユーモアに反応できないのである。

　二十字という字数制限を考えれば、「着実にあからさまに」の部分は書かなくても許されるだろうが、「明らかに」と言い換えられればベストだ。

解答例　**【岳は成績が明らかに落ちているということ。】**

次に、例題①で取り上げた問題文に再び登場してもらおう。今度は〔要約型〕と〔換言型〕の複合問題である。

例題③

仕事をしている人は、時間に貧乏《びんぼう》しているのですから、時間にリッチな人々の後をついていくしかないのですね。他《ほか》の商品についても、同じような構造になっているとおもいます。たくさんの種類がある靴《くつ》の、どの店でどれを買うか、簡単に決めることは、なかなかできないでしょう。

近所に一軒《いっけん》しか靴屋さんがなくて、デザインもひとつかふたつしかないというような時代ならともかく、買おうと思えば買える靴が無数にあるのです。しかも、それを買うためのお金は、仕事をしている人は持ちあわせてもいるのです。

でも、どれがいいのかを決めるための情報を知る時間や、選ぶ根拠《こんきょ》になる流行の流れを知るための時間が決定的に不足しているのです。ですから、みんなが選んでいるものを買っておけば間違《まちが》いないという買い方になります。

そのみんなが選んでいる価値というのが、いわゆる「ブランドもの」であり、「売れている」という事実なのです。広告のプロとしてはちょっと悲しいのですが、「売れてます！」という商品コピーが、いまは一番強力でしょう。

「売れているということは、何かいいことがあるんだろう」――時間に貧乏な人たちが、そう考えてくれるかぎりは、「ベストセラーになることがベストセラーをつくる方法だ」という、妙《みょう》な法則を信じるビジネスマンが、いかにも売れているように見せかける仕掛《しか》けをつくって、市場全体の信用の価値を低くしてしまうのでしょう。

しかし、⑥このカタチを壊《こわ》してしまうかもしれないのが、ぼくは、インターネットなのではないかと思っています。消費のために時間コストを支払《しはら》えない人々、つまり働き盛《ざか》りの忙しい人たちや、「売れているから」という理由で買うことに疑問を感じている人々は、おそらくたくさんいます。そういう人は、自分の価値観と、世間の価値観とがちがうということにある種のあきらめを持っていたのかもしれません。市場に出回っている人気商品が、自分のほしいものでないという思いを持った人や、この頃《ごろ》は自分の歌いたい歌がなくなったと嘆《なげ》いている人々は、意外にもたくさんいます。

しかし、こういう人たちは、ベストセラー商品以外を、じっくり選んでいるような時間はありません。「モーニング娘《むすめ》。」はいらないといっても、では、他の新しい曲はどこにあるのでしょう。それを探すには、時間が足りない。忙しすぎるし、他にやることがあります。ですから、「新しいCDなんか買わなくてもいいんだ!」と、開き直ってしまうわけです。

映画やゲームの続編もの、タイトルに「2」「3」といった数字を付けたシリーズ企画《きかく》が当たる構造も、こんな時代の特徴《とくちょう》なのかもしれません。しかし、インターネットは、ほんの少し自分の空き時間を、忙しい毎日の中に探しさえすれば、ベストテン的でない、チャート上位でない情報を、自分で探せる可能性があるのです。

（糸井《いとい》重里《しげさと》『インターネット的』による。一部原文の表記を改めたところがある）

問七　――線部⑥に「このカタチを壊《こわ》してしまう」とありますが、どういうことですか。
五十字以内でわかりやすく説明しなさい。

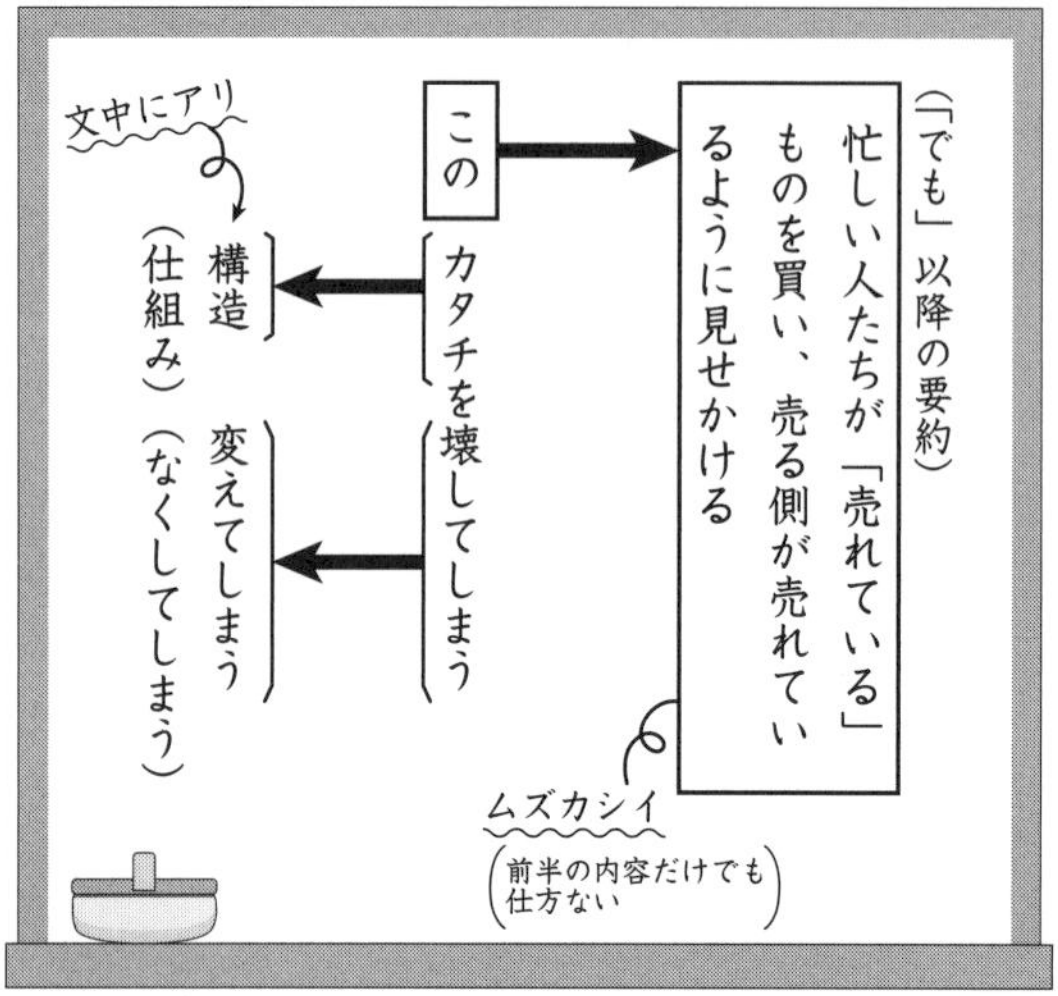

【出典】聖光学院中学校（二〇〇八年度）

例題①の問題の後半部分である。小六の受験生にとっては、かなり手強い問題だろう。だが、「困ったときの換言型」。**――線部にある指示語や比喩などのわかりにくい言葉を、部分的にわかりやすい言葉に言い換えていく解法**に気づいて冷静に対処すれば、必要な△はもぎ取れるだろう。

この問題の解答を書くためには、「この」「カタチ」「壊してしまう」という部分をそれぞれ言い換えなければならないが、「この」の指示内容をまとめるのが最も難しい。十行前の「でも」から直前までをまとめなければならないが、これだけでも小学生にとっては〔要約型〕難度Cレベルに相当する。「カタチ」の言い換えも苦しいだろうが、よく読めば本文のはじめとおわりに「構造」という言葉が使われていることに気がつく。「壊してしまう」はそのままでも大きな減点にはならないが、文意が読み取れていれば「変えてしまう」という言葉への言い換えはさほど難しくはないだろう。したがって、「この構造を変えてしまうこと。」という答案の形を作って、「この」の部分が板書解説の内容を半分でも含んでいれば、この問題を攻略したことになるだろう。

解答例　【忙しい人たちが「売れている」ものを買い、売る側が売れているように見せかける構造を変えてしまうこと。】

最後に、ハイレベルな記述問題を出題する学校の一つ、雙葉中学校の問題を〔換言型〕の解法で解いてみよう。

例題④

竹田素子は七十歳《さい》を過ぎてから、急に視力の衰《おとろ》えを訴《うった》えるようになった。

「このごろの電気はほんとうに暗いのね」と言うこともあれば、同居している長男の基彦《もとひこ》の妻に向って、「清香さん、電球を百ワットのに換《か》えてもらえる？」と頼《たの》んだりした。

「お義母《かあ》さん、もうこの電球、百ワットになってますよ」

と清香が答えると、母は無邪気《むじゃき》に言う。

「あら、そう？　でもこんなに暗いのは、あなた、無印か贋《にせ》ブランドの電球買って来たんじゃないの？」

母の視力に何らかの異変が起きていることは間違《まちが》いなかった。基彦自身、もう五十歳を過ぎたのだから、近視と老眼と乱視とで本を読むとすぐ疲《つか》れるようになっていた。それでも世間の標準に比べれば、最近建て直したばかりの自宅は、壁紙《かべがみ》の新しい分だけ明るいはずであった。

母の訴えを、基彦はそのまま放置していたわけではない。眼科に連れて行くと、年相応の白内障《はくないしょう》はあるが、まだ手術をするほどの濁《にご》りとは思えないから、見えにくいとすれば、加齢《かれい》による視神経萎縮《いしゅく》かもしれない。とすれば、特に治療《ちりょう》の方法はない、と言われたのである。

「お母さん、世間の人はけっこう暗いところで暮らしてるんだよ。その方が落ちつくっていうムード派もいるしさ、やっぱり電気代けちってるのもいるんだよ。世界中に電気ないとこなんか今でもいくらでもあるし、あっても始終停電するような容量しかないとこで、暮らしてる人がほとんどなんだから」

基彦自身が商社勤務で、中央アフリカを担当していることもあって始終出張でアフリカへ行くから、その言葉には実感があった。

基彦が母に旅行の土産《みやげ》話をするのは、視力は悪くても頭は冴《さ》えている母に、出張の度《たび》に、仕事以外の小さな報告をすることを一つの親孝行と考えていたからだった。息子から珍《めずら》しい生活の話を聞いている時だけ、母は眼《め》が見えにくいといううっとうしい現実を忘れているように見える。

中央アフリカのP国の支店には、現地で採用したステファンという男がいた。その国の第一の国立大学を出ているのだから珍しいエリートだろうし、彼《かれ》自身、会社の短期研修で日本に来たこともある。姉の一人もコンピューターのプログラマーだが、一家がクリスチャンだったこともあって、夜は近隣《きんりん》の文盲《もんもう》の大人たちの識字教育のクラスをボランティアで受け持っていた。そのクラスを前回の出張の時、ステファンと見に行ったのである。

（中略・引用者）

それから基彦は、少し照《て》れたような調子で、母から、教室用のランプを寄付したいという申し出《い》でを伝えた。

「それはだめです」

今度はステファンは英語で答え、その眼は冷静なアフリカの視線に還《かえ》っていた。

「教室をそんなに明るくしたら……彼らは皆視力を失います。それに眩《まぶ》しくて、彼らは耐《た》えられないでしょう。いつも暗いところで暮らしているんですから。仮に教室の明かりに慣れたとすると、今度は後が大変です。授業の後で、彼らは真っ暗な道を三十分も一時間も歩いて家まで帰らなきゃならないんですから。もし眼が明るさに慣れてしまったら……彼らはもう家まで帰れなくなります」

アフリカの夜空がどれほど明るかったかを、基彦は思い出していた。今回の出張の時は新月の気配さえも見えない完全な闇夜の時期に現地にいたのだが、それでも町から一歩出れば、いつも星が空一面に砂を撒《ま》いたようだった。夜空は暗黒ではなく、瑞々《みずみず》しいミッドナイト・ブルーの色を溢《あふ》れるほどに湛《たた》えていた。わずかな雲も、紗《しゃ》のように輝《かがや》いて見えた。町の電灯の光など全くない土地にこそ、この夜空の明るさは生きて流れていると基彦は感じた。

「それで教室のランプはあげてもらえたの？」

何も知らない母は尋ねた。

「ああ、お母さん、とっても喜んでたよ。これで皆、もっと楽しく学校へ来るでしょう、って。値段は二つで、二万八千円だったから、お母さんに二千円のお釣《つ》りを返さなきゃいけないんだ」

「よかったわ。見える人に明るい光を贈《おく》れるなんて……。二千円はあなたの手数料」

これで母の夢を叶えるために嘘をついて、三万円を「着服」したことになる。

「お母さんの眼はどう？」

⑨「気のせいか、前より見えないんだけど、うちの中は手探《てさぐ》りでも困らないから」

あのアフリカには闇の輝きが滔々《とうとう》と流れ、この家には明るい暗黒がへばりついている。

その矛盾《むじゅん》さえ、この年になるまで知らなかった、と基彦は思いながら、母が自室に帰って行く弱々しい後姿《うしろすがた》を眺《なが》めた。

（曾野綾子『夜空の明暗』）

問十四 ――⑨「あのアフリカには闇の輝きが滔々と流れ、この家には明るい暗黒がへばりついている。」とはどういうことを言っているのか説明しなさい。

【出典】雙葉中学校（二〇〇八年度）

この文章、「物語文」ではない。曾野綾子の「小説」である。だが、恐れるには及ばない。この設問もまた〔換言型〕なのだ。まず、「あのアフリカ」「この家」、これらの〈指示語〉を言い換える。小説といえどもプロの作家が書いた文章である以上、論説文ほど明瞭ではなくとも文中のどこかに指示内容があるはずである。特に「あのアフリカ」の方は重要である。

次に、「闇の輝きが滔々と流れ」「明るい暗黒がへばりついている」の部分。まさしく文

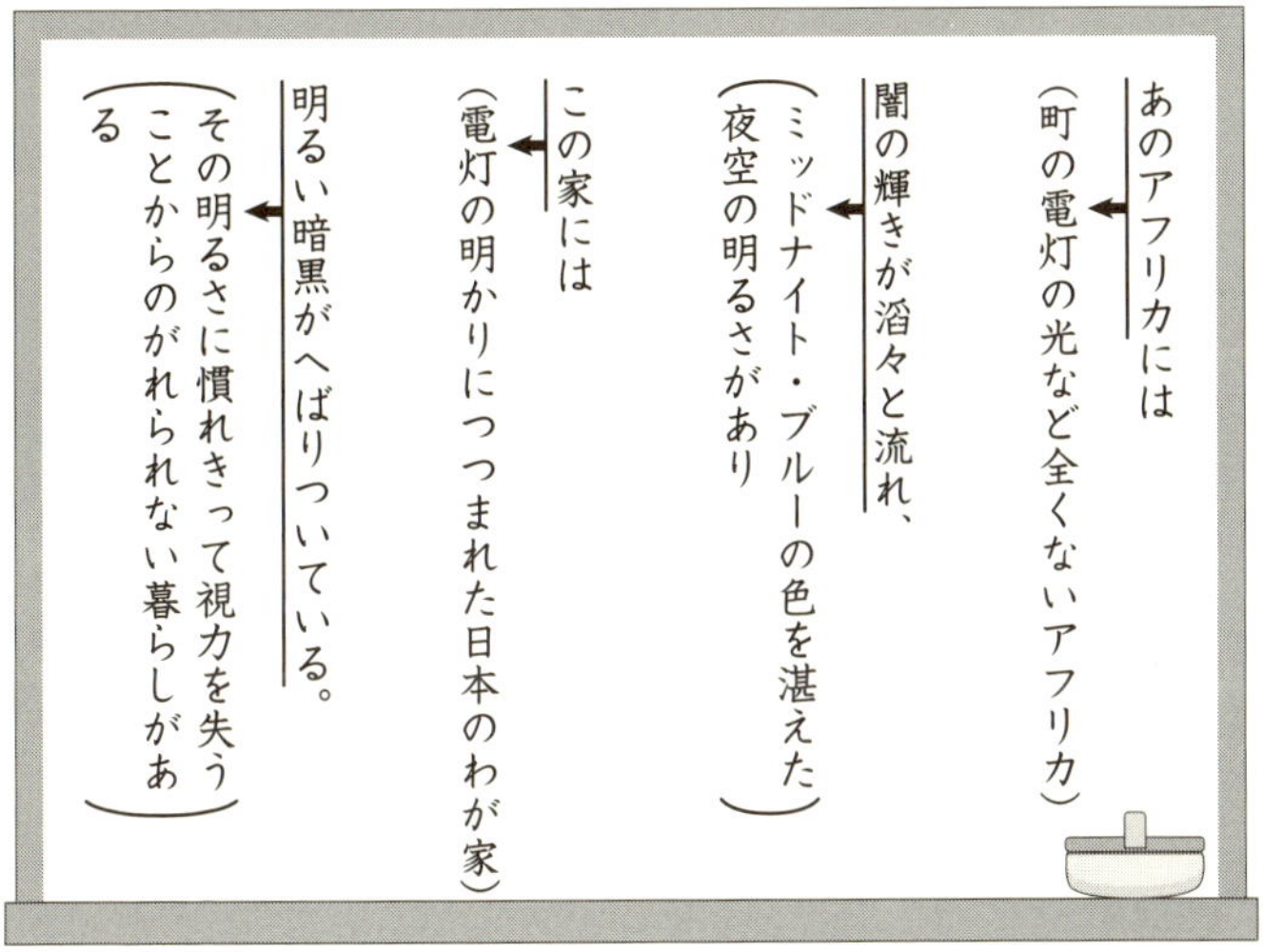
あのアフリカには
（町の電灯の光など全くないアフリカ）
闇の輝きが滔々と流れ、
（ミッドナイト・ブルーの色を湛えた夜空の明るさがあり）
この家には
（電灯の明かりにつつまれた日本のわが家）
明るい暗黒がへばりついている。
（その明るさに慣れきって視力を失うことからのがれられない暮らしがある）

学的表現と呼ばれるものであろう。こちらは〈比喩〉である。私はこの本の二つ目の〈技《スキル》〉で、**「『物語文』といえども『説明文』の読み方をせよ」**と書いたが、これらの〈比喩〉もまた、そうした読み方で文中の表現をおさえれば部分的な言い換えが可能になるのである。

　40行目の「アフリカの夜空が」で始まる一段落を読み直して、上記の板書解説をご覧いただきたい。

　この一段落に、「あのアフリカ」と「闇の輝きが滔々と流れ」という部分の言い換えに使える〈パーツ〉を見つけだすことができる。段落最後の一文にある「電灯の光など全くない」と「この夜空の明るさ」の二つが、その〈パーツ〉である。「この夜空」は具体的に説明しなければならないが、その内容もまた、この段落から読み取ることができる。

――線部の後半は自分の言葉で表現しなければならないが、「この家」は「あのアフリカ」との対比で考えれば容易だろう。「明るい暗黒がへばりついている」の言い換えは難しい。「暗黒」を8~9行目にある母や基彦の視力の衰えに結びつけられるかどうかがポイントである。

解答例

【町の電灯の光など全くないアフリカには、ミッドナイト・ブルーの色を湛えた夜空の明るさがあり、電灯の明かりにつつまれた日本のわが家には、その明るさに慣れきって視力を失うことからのがれられない暮らしがあるということ。】

最後に一言つけ加えておこう。私の経験では、〈換言型〉の解法はなかなか生徒に定着しない。何度教えても設問パターンに反応できず、自己流で立ち向かおうとする。子供の、論理的思考を回避したがる本能のなせる業かとも思いたくなるのだが、要するに、そのくらい国語の〈技《スキル》〉はすぐに忘れられてしまうのである。また、〈換言型〉の問題は正解率が低くなることが多い。ということは、ここで失点しても大きな痛手とはならないのだが、逆に得点できれば、〈換言型〉の問題はライバルに差をつけることができるチャンスとなるのである。

〈換言型〉を攻略するための〈技《スキル》〉を次にまとめておくことにしよう。

技 スキル

「――線部はどういうことか、わかりやすく説明せよ」というタイプの記述問題

↓

◉わかりにくい言葉（指示語・比喩など）を部分的にわかりやすい言葉に言い換える。

（4）体験・感想型

問題文のテーマに対する自分の意見や感想、あるいは問題文と同様の体験をしたことを述べさせるタイプの記述問題が、〈体験・感想型〉だ。ほとんどが百字から二百字程度の記述量である。

このタイプの記述問題で生徒が直面する問題は、「何を」「どう」書くかということなのだが、「どう」書くかという問題（記述答案を書く上での注意点）については、第二部のこれまでの章で説明済みである。したがって、ここでは〈体験・感想型〉で必要なポイントだけを補足しておくことにする。

自分の「体験」をわかりやすく説明するためには、**〈いつ〉〈どこで〉〈だれが〉〈何をして〉〈どうなった〉**という要素が必要である。これらを字数内で収めるためには各要素にどのくらいの字数を使うべきか、ということを考えて書き出せばよい。

「感想」については、まず、自分の意見や感想をはっきりと決め、次にそう考えた理由や補足説明と感想（意見）とを明確に区切って書くこと。これらが最も重要である。ここでもまた、「書きながら考える」生徒の文章は、結局何が言いたいのかはっきりわからないまま終わってしまうことが多い。

次に、「何を」書くかという問題に移ろう。こちらのほうが、生徒にとってはやっかいな問題だろう。問題の一点目は、「何を書いたらいいかわからない」、つまり「同様の体験がない」、または「そんなテーマについて考えたことがない」というわけで、ハタと手が止まってしまうこと。二点目の問題は、「思ったことを書きなさい」という設問を見て、何のためらいもなく、思ったことをそのまま書いて失敗してしまうことである。いくつかの実例をご覧いただきながら、こうした問題の解決策・対応策を述べていくことにする。

例題①

僕《ぼく》は正直言って、それまで戦争というものに対し、実際にその時代を経験していないだけに、過ぎ去った歴史の中の一《ひと》こまという認識《にんしき》しか持っていなかった。しかしあの日、この老婆《ろうば》からの手紙を読み終え、僕は初めて、その時代を生き心に惨憺《さんたん》をあじわった者にとって、戦争はまだ終わっていないことを知った。

僕は、八十を過ぎた老婆が息子の遺影《いえい》とともに過ごしてきた長い長い日々を思い浮《う》かべた時、そういう人々が引きずってきた心の傷も何も知らずに、平和だ、自由だと浮かれて生きてきた自分が恥《は》ずかしくなった。そして、そんな老婆が一人、黙々とわれわれのために雑巾を縫う姿に、ただ頭を下げずにはいられなかった。

（野々村馨《ののむらかおる》『食う寝る坐《すわ》る　永平寺修行記』より）

問二　――2「そんな老婆が一人……ただ頭を下げずにはいられなかった」とありますが、あなたが、人の人生や経験を知ってこのように頭を下げたい気持ちになったときのことを、思い出して書いてください。どんな人に対して、どのような気持ちになったのか、説明しながら一二〇字以内で書くこと。身近な人に限らず、本で読んだり人から聞いたりして知った人のことを題材にしてもかまいません。

【出典】開成中学校（二〇〇八年度）

問題文の最後だけを掲載したが、開成の〔体験型〕である。「頭を下げたい気持ちになったときのことを、思い出して書いてください」と言われても、開成を受験できるような恵まれた境遇で生きてきた六年生が、そんな気持ちになったことがあるのだろうか。だが、何も書かなければ合格できない。残された道はただ一つしかない。自分の「引き出し」の中から他人の人生経験を必死で探し出して、「頭を下げたい気持ちになった」フリをするしかないのだ。ある六年生男子が、八月の段階で書いた答案を見ていただきたい。

神戸に、ある友達がいた。友達はZ君だ。Z君は、阪神・淡路大震災で、幼い時父や母、祖父や祖母をなくした。Z君が東京に行っている時の突然の事だった。その後も、悲しみを持ったままこ独に人生を生きてきた。それを知り、辛さを理解して悲し人だ経験

完全な「捏造《ねつぞう》」だと一読してわかる答案である。「幼い」「Z君」が「父や母、祖父や祖母」以外のいったい誰と「東京に行って」いたというのか。また、阪神・淡路大震災とい

う時期から考えて今では大学生くらいにはなっているであろう「Z君」を、小学生が「友達」と呼ぶ関係とはどんな関係なのだ。

しかし、である。これを小学生の浅知恵として片付けていいものだろうか。そうではない、この答案には、やわな五年生から脱皮した六年生の、逆境を打開しようとするたくましい精神力が感じられるのだ。文章もなかなかいいではないか。

この答案を書いたT君に限らず、五年生の時には白紙もしくは書きかけで終わっていた生徒が、**〈受験生の自覚〉**と**〈練習量〉**によって、たとえ「捏造」でも時間内に書き切るたくましさを身に付けていくのである。小学生、とくに六年生の持つ順応性の高さは大人とは全く比べものにならない。学校側がこのようなタイプの問題を出してくる以上、受験生がやるべきことは、むしろ「捏造」した文章を上手に書き切るトレーニングを積むことなのかもしれない。ちなみに、たくましく成長したT君は、その**〈逆境打開力〉**によって無事に開成中学校の合格証を手にすることができた。

「何を書いたらいいかわからない」ということへの対応策としてもう一つ挙げられるのが、日頃から**〈「引き出し」を増やしておく〉**ということである。小学生が受験に向けて人生経験を積むということはできない。それを補うためには、本・新聞・テレビ・大人との日常会話などから、なるべく多くの情報を蓄えておくしかないのだ。

前章で、沖縄戦を語りつぐお婆さんをとりあげた女子生徒の答案を紹介したが、あの答案も、例題①で紹介した開成の問題に対する答案である。彼女は下書き用の解答欄に、「ミャンマーのアウンサン・スーチーさんをテレビで見て、頭が下がる」とだけ書いていた。後に続く説明をうまくまとめられないと判断してこの案は挫折したのだろうが、私はこの下書きを見て彼女の「引き出し」の多さを感じることができたのであった。

「何を」書くかという点で生じる二つ目の問題、「思ったことをそのまま書いてしまう」という失敗をどう防ぐか。まずは、一つのエピソードをお読みいただきたい。

以前、ある塾で六年生のクラスを一つだけ引き受けていたことがある。そのクラスの生徒に対して夏休み前に「受験希望校の過去問を三校分、それぞれ二年分ずつ解いてみよ」という宿題を出した。休み明けの最初の授業で、そのチェックをしていた時のことである。国語の得意な女子生徒二人が、ともに女子校の過去問を解いていた。合計点は二人とも、自己採点ではあるが七割を超えている。しかし、ある記述問題だけは二人そろって空欄である。おかしいと思って聞いてみると、口をそろえて「まったくわからなかった」と言う。「(過去問題集についている)解答解説は読んだのか」と言うと、これまた口をそろえて「読んだけどわからない。なんであんな答えになるのか、全然納得できない」と不満げである。仕方なく、その日の問題を生徒たちに解かせている間に、私は彼女たちが解いた過去問に目を通すことにした。

問題文は、ルイーゼ・リンザーの小説「叔母さま」(短編集『波紋』所収・岩波少年文庫・上田真而子訳)の引用。主人公の少女は、親戚の僧院に預けられている。問題文はA・B二つに分かれている。

Aは、ある晩、主人公が友達と教会の祭壇で遊んでいるときに、あやまって火災を起こしてしまったときの話。叔母さまはたまたまその場に通りかかったが、燃え上がっている火を消し、「自分の守護天使に感謝なさい」と言って、祭壇を片づけた。子供たちには叱《こ》言《ごと》ひとつ言わなかった、という話である。

Bは、僧院に入ってきた男が、主人公の目の前で家のお金を盗んだときの話。主人公は、叔母さまにそのことを告げるが、「でも、もしお金がなくて、だれもくれようとしなかったら、そしてどうしたらいいかわからなかったら、どこかへとりにいくしかないんじゃないかしら?」と言って男をかばう。その後、盗まれたはずのお金は、男によってテーブルのうえに戻されていた、という話だ。そして設問はこうである。

「Ａ・Ｂの文章にえがかれている叔母さまの行動や考え方についてあなたはどう思いますか。なぜ、そう思うのか、理由を明らかにして述べなさい。」

いずれも、慈愛に満ちて聡明な叔母さまのエピソードが随所に出てくるから、叔母さまを肯定して書くしかない。生徒たちの持ってきた問題集の解答例も、そうなっている。

「お前たちは、どうしてこの解答が納得できないんだ？」と問うた私に、女子生徒は、「だって悪いことしたのに、どうして怒られないの？　私、お金とられたら絶対許せない。うちのお母さんだって絶対こんなことしない」と言うのだ。

ここに落とし穴がある。女子校のなかには、キリスト教の建学精神に基づいて設立された学校が数多くあるが、これらの学校に入学を希望している以上、「思いやり」「慈愛」の精神は、常識的な判断として持っていなければならない。

最近は、男子生徒以上に、女子生徒のほうが率直な意見を表明する傾向があるから、女子学院やフェリス女学院を筆頭とするキリスト教系を受験する際は、注意が必要だ。

結論に入る前に、もう一つだけ例題を見ていただきたい。二十年以上前にラ・サール中学校が出した〔感想型記述〕である。私は、この問題ほど中学入試における〔感想型〕の本質を露呈させ、なおかつ露骨に生徒に突きつけた問題を他に知らない。後ほど、この問題に精一杯の抵抗を試みた、愛すべき「子供」の答案も読んでいただくことにする。

例題②

お手紙拝見。

きめるのは自分であっても、まわりの人に相談するという謙虚《けんきょ》さを、君が持ち続けていることがわかって、父はうれしく思いました。

きみの手紙を整理してみました。

一、中三だから、高校受験の準備のために仲間《なか》がみなやめていったが、主将の二木君と副将のきみだけが残り、一年二年の部員達をまとめてチームを作ってきた。

二、三島先生が新しくコーチになり、きみよりもうまい二年の清水君をきみのポジションにつけるよう指導なさった。

三、二木君は、ここまで一緒《しょ》にやってきたのだし、今度の大会が最後なのだから、きみに出場してほしいと言っている。

四、監督《とく》の五藤先生は、チームを強くするならコーチ案がよい。部に残った最上級生という立場を考えるならば主将案ももっともだ。チームのメンバーをどうするかは、今度の大会に限り、主将副将に一任するとおっしゃった。

そこで結局、きみ自身がきめることになり、チームをとるか、自分をとるか、きめかねて、相談の速達を父によこした、ということなのでしょう。

母は、少しでも早く部をやめて受験勉強にうちこみなさいと、退部をすすめているようだが、母としては無理もないことです。父が仕事の都合で君たちと離れて生活しているのだから、かあさんは、何よりもまず、君の進学のことを気にしているのです。

コーチ案、主将案、母の退部案、そのほかにもきみが書いていたいろいろな案があり、どれをとるのがよいか、これは父にもわかりません。チームと部員の関係は、たとえば国家と国民、会社と会社員、学校と生徒というような個人と組織、集団の関係と同じで、人間にとって、常に大きい問題になるものです。中三という大切な時期にそういう問題に直面したのは、むしろ幸せといえるでしょう。

人間は、狭《せま》い範《はん》囲かもしれないが、自分で選ぶことができます。Aをとるか Bをとるか、またはCをとるか、その積み重ねが生きていくということです。きみは、きみ自身で決断しなければなりません。父は、部がほかの集団とは違《ちが》っている点で、――どう違うかは、自分で考えなさい――コーチ案に賛成です。そして、ポジションを下級生にゆずった後も、主将をたすける立場をくずさず、部員としてできる限りのことをしながら、受験勉強も人より以上に頑《がん》張ってくれることを望んでいます。それは無理だなどと言ってはいけません。部に入ったのはきみ自身の意志による決断だったのだから、その責任をとり続けることが、きみにとって悔《く》いのない生活を送るということなのです。

しかし、父の希望以外の選び方をしても、それがきみなりに筋《すじ》の通ったものであるならば、父は満足するでしょう。だれかに言われたからというだけの選び方であれば、父の希望通りであったにしても、父は失望するでしょう。

どう決断したか、簡《かん》単にしらせてください。待っています。

父より

一郎どの

問　一郎が父に報告した葉書の文面を、一六〇字以上二〇〇字以内で書きなさい。

（注意）○　きみが一郎の立場だったら、どういう理由でどうするかを考えて書くこと。

○　きめた理由が大切なのであり、どうきめたかは点数に関係はない。

○　葉書ということを考え、適当に改行し、句読点も一字分にし、正しい字でていねいに書くこと。

【出典】ラ・サール中学校（一九八四年度）

受験生をもつ親の方々は、はたして、「主将案」「コーチ案」「母の退部案」の選択に迷うだろうか。そう、「コーチ案」が一番無難なのだ。理由は簡単である。点数に大きく関係するという「きめた理由」が一番書きやすいからだ。「退部案」だと、二木君に対する配慮を考えなければならない。多くの生徒が選択する「主将案」は、「きめた理由」が最も書きづらい選択肢である。実際、「主将案」を選択した答案のほとんどが、自己本位の域を脱することができずに終わってしまう。

いやな言い方だが、これは点数を取って合格を果たすためのテスト問題なのである。そう割り切って、面白くもない優等生の答案を書くしかないのである。このことに多くの子供が気づかない。そこで私は、「良い子のフリをしろ」と言わざるを得なくなるのだ。多少のむなしさとやましさを感じもするのだが、教え子を受験のワナにはめないためには、私自身も割り切って塾教師の言葉を吐くしかないのである。

オーソドックスな「コーチ案」をとった模範解答例は、最後に挙げるとして、生徒の答案を二つ紹介しておきたい。

僕は、今まで仲間がやめていっても続けてきたので、今中途半端に退部するのではなく、大会に出ることにしました。

迷ったあげく、結局コーチ案と主将案を混ぜたものとして、僕は清水君と違うポジションで出場します。なぜなら、最上級生という立場を考えるなら、自分のことよりもチームを強くすることを優先させるべきだと思ったからです。これが、悔いのない結果になるだろうと思いました。

六年生女子。出題者の目論見を見事にかわして逃げ切った、珍しい答案である。国語が得意な桜蔭合格者の頭は、素朴な男子の頭とはやはりどこか違うのかもしれない。十分に合格をたぐりよせる答案である。もう一つ見てみよう。

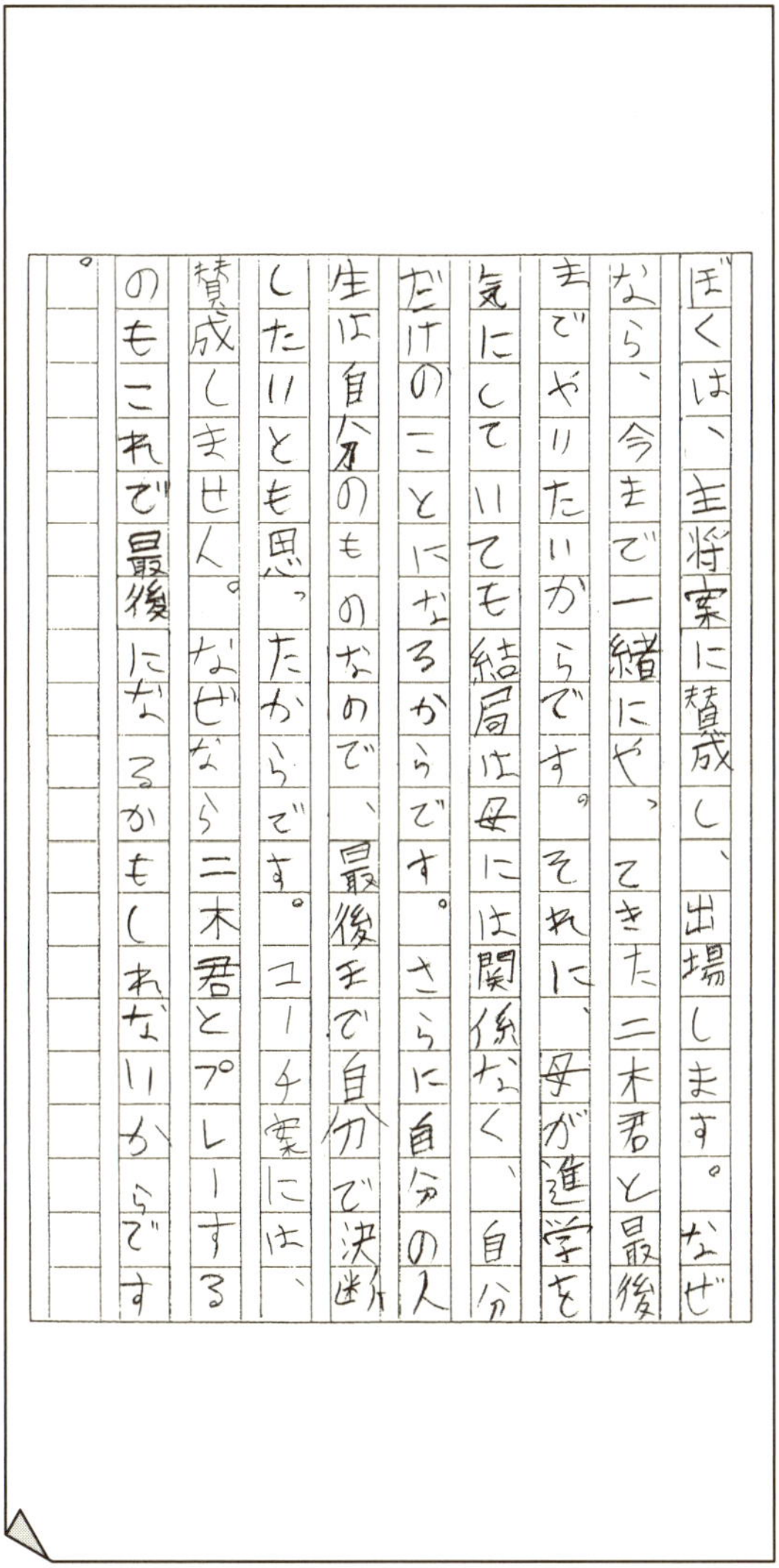
ぼくは、主将案に賛成し、出場します。なぜなら、今まで一緒にやってきた二木君と最後までやりたいからです。それに、母が進学を気にしていても結局は母には関係なく、自分だけのことになるからです。さらに自分の人生は自分のものなので、最後まで自分で決断したいとも思ったからです。コーチ案には、賛成しません。なぜなら二木君とプレーするのもこれで最後になるかもしれないからです。

六年生男子。別の意味で珍しい答案である。こんな答案、めったに見られるものではない。これを見た私は、驚き半分、楽しさ半分、即座にコピー機に走った。私の長い教師経験の中でも、これほどストレートに自己本位の立場を表明した答案を見たのははじめてであった。この生徒は、ときどき窓の外をボーッとして眺める癖のある、無口で素直な子供だっただけに、私はなおさら驚かされたのである。

「よくぞここまで書いた。君こそ子供の中の子供」と言いたいところだが、そうもいかないだろう。このような自己本位の解答では、解答の要件が揃っていても高い得点を得るのは難しい。

ここで、〔感想型〕の結論である。もうおわかりだろうが、このタイプの記述問題を出題する学校が求めているのは受験生の個人的な感想や意見ではなく、**〈大人の常識〉〈道徳的判断力〉**なのだ。

解答例

僕は、考えた末に、コーチの案にしたがって、今度の大会では清水君に出場してもらうことに決めました。二木君とともに、チームが一体となって強くなることを目指してきた以上、チーム全体のことを最後まで考えるのが、僕の役割だと思うからです。
正直なところ、自分が出場できないのは悔しいけれど、大会が終わるまで、チーム全体を補佐して、チームがいい結果を出すことで三年間の締めくくりにしたいと思いました。

〈体験・感想型〉を攻略するための〈技《スキル》〉を次ページでまとめて、この章を終えることにする。本書中、最後の〈技《スキル》〉である。

技 スキル

体験型

◉〈受験生の自覚〉と〈練習量〉で〈逆境打開力〉を養う。

◉本、新聞、テレビ、日常会話などで〈情報の「引き出し」〉を増やす。

○〈いつ・どこで・だれが・何をして・どうなった〉をハッキリさせる。

感想型

◉〈常識的判断〉〈道徳的判断〉を身に付ける。

○感想や意見をはっきり決めてから書く。

○理由や説明の部分を分けて書く。

あとがき

昭和五十九年、当時埼玉県の大宮に本部があった大手塾に入社した。すでに長男が生まれていたこともあって、学生時代から「腰掛け」で約六年間勤めていた塾に見切りをつけ、まだ社会的に認知度の低かった塾教師という職業で生計を立てようと決意してのことだった。中学受験と本格的に関わりをもったのはこの時からである。

ある時、生徒に尋ねた。「なぜ算数はよく勉強するのに、国語はやらないのか」と。返事はこうだった。「算数には解き方がある。それを覚えれば解けるし、解けた時はうれしい」。〈解き方〉という言葉が心に残った。それ以来、廊下をぶらぶら歩きながらいろいろな教師の算数の授業を眺めるようになった。黒板いっぱいに書かれた式、色分けされて描かれたさまざまな図形、これらがみな〈解き方〉なのかと思いながら。

またある時、算数の体験をしてみようと、テストの最初のほうにある「一行問題」を解いてみた。問題文を読んだときには何とかなりそうだと思ったが、試行錯誤の末にギブアップ。算数の教師に尋ねたら、こんな簡単なものをと笑われ、線分図というものを使って一分以内で片付けられた。

二十六年前のこんな他愛もないことがことの始まりである。以来、どうすれば国語に対する生徒の意識を変えられるか、また、どうすれば算数と同様に、国語にも〈解き方〉があると生徒に納得させられるかを自分なりに考え続けてきた。その成果が、本書である。国語にも明快な〈解き方〉があることを示せたのではないかと思っている。

本書は、森上教育研究所が主催するセミナー「わが子が伸びる親の『技《スキル》』研究会」の講演内容をまとめたものである。同セミナーは今年で十年目をむかえる。その間、森上展安氏から何度も本にしてはどうかと勧められたが、お断りしてきた。一塾教師の授業など本にするほどのものではないと思っていたからである。また、できる限り無為に暮らしていたいという思いもあった。

しかし今回、講談社の瀬尾傑氏の度重なる説得に屈する形となった。多忙の中、貴重な時間を割いて幾度も相談にのっていただいた瀬尾氏と、瀬尾氏から編集を引き継ぎ、読みやすくするための的確なアドバイスをしてくださった石井克尚氏に改めて感謝申し上げたい。

二〇一〇年二月八日
田代敬貴

田代敬貴（たしろ・よしたか）

1953年福岡県生まれ。国語教師歴32年。
学習塾「エッセンシャル・アカデミー」国語部長を経て、進学塾「山田義塾」入社。国語主任、取締役教務部長、常務取締役を歴任し1997年退社。2000年よりフリー講師として活動する。
現在は小学５・６年生を対象に、少人数の難関中学記述対策授業（スクールFC「スーパー国語」）を開講する傍ら、講演活動（森上教育研究所「わが子が伸びる親の『技《スキル》』研究会、花まる学習会「父母学校」など）や私立中学への入試アドバイス、塾講師への研修、教材・テストの監修・校閲も手がける。
2009年度入試では、男子13名・女子３名の受け持ち生徒（計２クラス）のうち、筑波大附属駒場中５名、開成中７名、駒場東邦中３名、栄光学園中５名、桜蔭中１名、慶應中等部１名など、圧倒的な実績を上げている、中学受験界の伝説的講師。

田代式《たしろしき》　中学受験《ちゅうがくじゅけん》　国語《こくご》の「神技《しんぎ》」

2010年２月26日　第１刷発行
2021年９月７日　第13刷発行

著　者――――田代敬貴《たしろよしたか》

KODANSHA

発行者――――鈴木章一
発行所――――株式会社 講談社
東京都文京区音羽 2-12-21　〒112-8001
電話　編集 03-5395-3522
販売 03-5395-4415
業務 03-5395-3615

本文組版――――朝日メディアインターナショナル株式会社
印刷所――――株式会社新藤慶昌堂
製本所――――株式会社国宝社

定価はカバーに表示してあります。

ISBN978-4-06-216079-7　　N.D.C.916　220p　20cm